Astrid Congiu-Wehle · Agnes Fischl

Der Ehevertrag

Astrid Congiu-Wehle · Agnes Fischl

Der Ehevertrag

Wie Sie Vorsorge für Ehe, Trennung und Scheidung treffen

Linde international

stern

Bibliografische Information Der Deutschen Bibliothek
Die Deutsche Bibliothek verzeichnet diese Publikation in der Deutschen Nationalbibliografie; detaillierte bibliografische Daten sind im Internet über http://d-nb.de abrufbar.

ISBN 978-3-7093-0304-7

Umschlag: *stern* und buero8
Satz: Hannes Strobl, Satz·Grafik·Design, 2620 Neunkirchen

1210 Wien, Scheydgasse 24, Tel.: +43/1/24 630
www.lindeverlag.de
www.lindeverlag.at

Druck: Hans Jentzsch & Co. GmbH., 1210 Wien, Scheydgasse 31
1

Inhalt

Vorwort

Wenn es in Beziehungen ums Geld geht, kann es schnell knifflig werden. Will man gar Verträge schließen, um die Finanzen zu regeln, bedeutet das einen echten Stresstest für viele Paare. Der Ehevertrag ist eine der heikelsten Sachen, die sich Brautpaare – aber auch Ehepartner – vornehmen können: Wie sag ich's meinem Mann/meiner Frau, dass ich einen Vertrag schließen will? Wie wird dieser so abgefasst, dass keiner über den Tisch gezogen wird? Wie plant man für die Zukunft, dass einem der Ehevertrag in 20 Jahren nicht plötzlich zum Fehler gerät?

Der *stern*-Ratgeber „Der Ehevertrag" erklärt, wie Sie sorgsam und weitblickend Vorsorge treffen für Ehe, Trennung und Scheidung. Wichtig zu wissen ist etwa: Für wen sind Eheverträge sinnvoll? Wann sind sie kontraproduktiv? Wie vermeidet man Fehler? Alles zu diesen und vielen weiteren Aspekten beschreiben die Autorinnen kundig und für juristische Laien verständlich. Ausführlich behandelt der Ratgeber vor allem die verschiedenen Lebenssituationen, in denen Eheverträge abgeschlossen werden. Kinderlose Paare müssen auf andere Aspekte achten als Paare mit Kindern, für erbende Ehegatten gilt anderes als für sogenannte „Unternehmerehen".

Der vorliegende *stern*-Ratgeber ist der ideale Einstieg für alle, die sich auf einen Ehevertrag vorbereiten oder die einfach nur informiert sein wollen, ob ein solcher Vertrag für sie in Frage kommt. Wenn es konkret wird, führt an einem Besuch beim Notar oder Rechtsanwalt kein Weg vorbei.

Frank Thomsen

Chefredakteur *stern.de*

Einleitung

Verliebt – verlobt – verheiratet, aber ahnungslos. Zur feierlichen Hochzeit wird ein großes Fest vorbereitet, Verwandte und Freunde werden eingeladen, man macht sich viel Mühe, gibt im Zweifelsfall viel Geld aus und schwebt im siebten Himmel. Aber daran, dass sich aus einer Eheschließung auch rechtliche Konsequenzen ergeben, denkt zu diesem Zeitpunkt fast niemand. Mit dem kleinen Wörtchen „Ja“ vor dem Standesbeamten gehen zahlreiche Rechte und Pflichten einher, die auch während der Ehe zu berücksichtigen sind.

Um welche Verpflichtungen es sich dabei handelt, welche gesetzlichen Folgen sich aus der Eheschließung ergeben und welche vernünftigen Abänderungsmöglichkeiten ein Ehevertrag bietet, soll in diesem Buch dargestellt werden.

Praxisbeispiele

Anhand typischer Praxisbeispiele wird erklärt, welche ehevertraglichen Regelungen sinnvoll sind und welche Abmachungen vor Gerichten keinen Bestand haben.

Zuerst werden die gesetzlichen Regelungen der Ehe ohne eine Vereinbarung der Ehegatten für die Zeiträume der intakten Ehe, der Trennung und der Scheidung im Bereich Unterhalt, Güterrecht und Versorgungsausgleich dargestellt. Im Rahmen eines Ehevertrags können diese rechtlichen Bedingungen abgeändert werden, doch dabei muss immer die Rechtsprechung des Bundesverfassungsgerichts und des Bundesgerichtshofs berücksichtigt werden. Die bestehenden Möglichkeiten der Vertragsgestaltung werden anhand typischer Beispiele erläutert.

Ein Hinweis vorweg: Dieses Buch legt die Probleme, die sich im Rahmen einer Trennung und Scheidung ergeben können, nicht im Detail dar. Vielmehr will es die Grundzüge der gesetzlichen Regelungen darstellen, die sich daraus ergebenden möglichen Probleme skizzieren und vorbeugende Lösungen an die Hand geben. Auch werden Sie in diesem Buch keine Formulierungsvorschläge für Eheverträge finden. Wichtig ist, dass Sie wissen, welche Regelung Sie wollen bzw. in Ihrem Fall sinnvoll ist. Die Formulierung selbst übernimmt ein Notar oder Rechtsanwalt, der dann den individuellen Vertrag ausarbeitet.

Auch auf Verträge zwischen nichtehelichen Lebenspartnern und gleichgeschlechtlichen Lebensgemeinschaften wird im Rahmen dieses Buches nicht eingegangen.

KAPITEL 1

Was Ehe bedeutet – und was nicht

Eigentlich kann Liebe keine Sünde sein, aber beim Gang zum Standesamt machen sich selbst Verliebte immer häufiger Gedanken darüber, welche Folgen und Konsequenzen die Eheschließung haben kann und könnte. Und so beginnen Mandatsverhältnisse zum Thema Ehevertrag ganz oft damit, dass Ehegatten vor dem Rechtsanwalt sitzen und einen Ehevertrag vor allem darum schließen wollen, weil sie Angst haben, für die Schulden des anderen Ehegatten einstehen zu müssen und damit ihr eigenes Vermögen zu verlieren. Man trägt sich mit dem Gedanken, durch den Abschluss eines Ehevertrags in den Güterstand der Gütertrennung zu wechseln. Oft hat ein Ehegatte vor, in die Selbständigkeit zu gehen, oder dies ist bereits erfolgt. Und dann besteht die Sorge, dass die Erfolglosigkeit der Selbständigkeit auch das gemeinschaftliche Vermögen oder vor allem das Vermögen des anderen Ehegatten in Mitleidenschaft ziehen könnte.

Grundfragen

Aber zumeist haben die angehenden Ehegatten keine Ahnung von den rechtlichen Wirkungen der Ehe. Gerade die gegenseitige Schuldenhaftung ist nämlich ein Trugschluss, der aber in der Bevölkerung sehr weit verbreitet ist.

Bestimmungen bei intakter Ehe

Gesetzlicher Güterstand der Zugewinngemeinschaft

Mit der Eheschließung leben die Ehegatten zuerst einmal im gesetzlichen Güterstand der Zugewinngemeinschaft, geregelt in den Paragraphen 1363–1390 des Bürgerlichen Gesetzbuches (BGB).

Getrenntes Vermögen

Dabei behält jeder Ehegatte sein Vermögen, insbesondere kommt es mit der Hochzeit *nicht* zum Zusammenschluss der Vermögensmassen wie bei einer Gütergemeinschaft. Bringt also der Ehemann in die Ehe eine Immobilie mit ein, war er vor der Eheschließung und bleibt er nach der Eheschließung der Alleineigentümer dieser Immobilie. Die Ehefrau wird durch das „Ja-Wort" vor dem Standesbeamten nicht automatisch zur Miteigentümerin.

Keine Haftung

Außerdem haftet jeder Ehegatte auch nach der Eheschließung weiterhin für sein finanzielles Fehlverhalten nur mit seinem Vermögen. Hat also die Ehefrau beispielsweise Schulden aus einem Kaufvertrag für ein Auto, kann das Autohaus (also der Gläubiger der Forderung) nur ihr Vermögen zur Schuldentilgung heranziehen. Hat sie kein Vermögen, kann das Autohaus nicht auf das Vermögen des Ehemannes zurückgreifen.

Bildlich kann man davon sprechen, dass sich zwischen dem Vermögen des Ehemannes und dem der Ehefrau eine Schranke befindet, die für Gläubiger geschlossen bleibt. Die Gläubiger, und damit hier das Autohaus, müssen also an der Schranke stoppen – sie können nicht hindurch.

Aber wie konnte der Irrglaube über die gemeinschaftliche Schuldenhaftung überhaupt entstehen? Ein Beispiel macht das deutlich:

Immobilien

Wenn die Ehegatten gemeinsamen Immobilienbesitz haben, kann der Gläubiger der Ehefrau in ihren Anteil an der gemeinsamen Immobilie vollstrecken. Aber da bei Immobilien nicht der hälftige Miteigentumsanteil verkauft oder versteigert werden kann, wird die Immobilie im Ganzen versteigert und der Erlös dann zwischen dem Gläubiger der Ehefrau und dem Ehemann verteilt. An sich haftet das Vermögen des Ehemannes nicht für die Schulden der Ehefrau, aber der Ehemann muss mit den nachteiligen Folgen leben: Seine Immobilie ist weg – und er hat nur noch den hälftigen Wert in Geld. Außerdem kommen bei vielen Versteigerungen Immobilien nicht zum Verkehrswert, sondern darunter unter den Hammer, was auch zum Nachteil des Ehemannes geht.

Eingeschränkte Verfügung

Die Ehegatten sind im Rahmen der Zugewinngemeinschaft bei der Verfügung über ihr Vermögen stellenweise eingeschränkt. Ein Ehegatte darf über sein Vermögen im Ganzen nach § 1365 BGB nicht verfügen, ohne vorher die Zustimmung des anderen Ehegatten eingeholt zu haben. Erfolgt diese Zustimmung nicht, ist das Rechtsgeschäft unwirksam.

Besteht also das Vermögen eines Ehegatten beispielsweise hauptsächlich aus einem Mietshaus, kann er dies ohne Zustimmung des anderen Ehegatten nicht verkaufen. Bei Immobilien ist es sogar so, dass der andere Ehegatte mit zum Notar gehen und zum Zeichen seines Einverständnisses den notariellen Kaufvertrag mit unterzeichnen muss.

Dieses Zustimmungserfordernis besteht immer dann, wenn nach dem Verkauf nur noch weniger als 15 % des ursprünglichen Gesamtvermögens übrig bleiben. Bei größeren Vermögen kann dieser Prozentsatz auch einmal auf 10 % sinken. Wenn also das Mietshaus des Ehemannes einen Verkehrswert in Höhe von € 1.500.000 hat und sich sein Restvermögen auf ein Barvermögen in Höhe von € 100.000 beläuft, so stellt dieses Barvermögen weniger als 15 % seines gesamten Vermögens dar. Die Ehefrau muss der Veräußerung des Mietshauses also zustimmen.

Familienunterhalt nach § 1360 BGB

Auch während der bestehenden Ehe gibt es Unterhaltsverpflichtungen, den sogenannten Familienunterhalt.

Verpflichtung zum Unterhalt

Nach § 1360 BGB sind die Ehegatten einander verpflichtet, durch ihre Arbeit und mit ihrem Vermögen die Familie angemessen zu unterhalten. Solange also die Ehe besteht, sind beide Ehegatten angehalten, alles zu tun, damit es der Familie zumindest finanziell gut geht. Auch die Haushaltsführung, also Hausarbeit und Kinderbetreuung bzw. -erziehung, ist Arbeit zum Unterhalt der Familie. Damit erfüllt der Ehegatte, der diese Leistungen erbringt, seine Unterhaltsverpflichtungen in der Regel ausreichend.

Sorgsame Verwendung

Nach § 1360 BGB ist jeder Ehegatte darüber hinaus verpflichtet, sein Vermögen zugunsten der Familie zu verwenden, es also ordentlich zu verwalten und Einkünfte aus diesem Vermögen der Familie zur Verfügung zu stellen. Sollte also einer der Ehegatten ein Mietshaus besitzen, so muss er grundsätzlich die Mieteinnahmen in die Familienkasse einzahlen, damit die Familie davon leben kann.

Wichtig ist auch zu wissen, dass das Gesetz in § 1360b BGB ausdrücklich festhält, dass für den Fall, dass ein Ehegatte einen höheren Beitrag zum Unterhalt leistet, als ihm eigentlich obliegt, im Zweifel immer anzunehmen ist, dass er nicht beabsichtigt, von dem anderen Ehegatten einmal Ersatz zu verlangen.

Dies wird vor allem nach einer Trennung wichtig. Die Vorschrift besagt ja, dass jeder unabhängig von seinem tatsächlichen finanziellen Beitrag gleichermaßen zum Familienunterhalt beizutragen hat. Wenn ein Ehegatte einmal tatsächlich mehr beisteuert, greift die gesetzliche Vermutung, dass er diese Leistung nicht zurückverlangen wird.

Zuviel-leistung

Diese Vermutung gilt dann aber auch nach der Trennung und Scheidung weiter, so dass eine Rückforderung einer Zuvielleistung während der Ehe ohne eine hierzu geschlossene Vereinbarung unter den Ehegatten im Nachhinein nicht möglich ist.

Steuerliche Haftung

Bei steuerlichen Fragen gehen viele Ehegatten zuerst einmal davon aus, dass sie gegenseitig für die Steuerschulden des jeweils anderen Ehegatten haften. Aber auch diese Annahme ist nicht unbedingt richtig.

Wenn beide Ehegatten in Deutschland unbeschränkt steuerpflichtig sind und an mindestens einem Tag im Jahr nicht dauernd getrennt leben, ist für sie bei der Einkommensteuerveranlagung die Zusammenveranlagung möglich. Vorteil der Zusammenveranlagung ist die Besteuerung nach der Splittingtabelle.

Zusammen-veranlagung

Trotz der Zusammenveranlagung bleibt aber jeder Ehegatte ein eigenständiges Steuersubjekt. Die Zusammenveranlagung und der damit einhergehende Splittingtarif bewirken nur, dass die Einkünfte der beiden Ehegatten bei der Berechnung der Einkommensteuer zusammengerechnet werden. So wird unterstellt, dass beide gleich verdienen.

Aufgrund der Progressionsbesteuerung führt dies dann zu einer Steuerminderung, also einem steuerlichen Vorteil.

Allerdings besteht weiterhin die Möglichkeit, Steuerschulden auf jeden Ehegatten getrennt aufzuteilen. Dazu muss nach Ergehen des Einkommensteuerbescheides ein sogenannter Aufteilungsbescheid beim Finanzamt nach § 268 AO beantragt werden. Damit teilt das Finanzamt die Steuerschuld im Verhältnis der Einkünfte auf beide Ehegatten auf. Es kann dann die Steuerschuld nur noch bei dem Ehegatten eintreiben, bei dem sie entstanden ist.

BEISPIEL

Martin und Fiona sind verheiratet und werden zur Einkommensteuer 2008 zusammen veranlagt. Das Finanzamt errechnet eine Einkommensteuernachzahlung in Höhe von € 1.000, die sich aus der selbständigen Tätigkeit Martins ergeben hat. Martin ist mittellos, Fiona hat ein gut gefülltes Bankkonto.
Martin und Fiona sind für die Steuernachforderung sogenannte Gesamtschuldner, das heißt, das Finanzamt kann die gesamte Summe bei einem von beiden vollstrecken, das Finanzamt kann sich also seinen Schuldner aussuchen. Es kann daher auch auf das Konto von Fiona zurückgreifen.
Wenn Martin und Fiona aber nach Ergehen des Bescheides und vor Ablauf der einmonatigen Einspruchsfrist einen Aufteilungsbescheid nach § 268 AO beantragen, kann das Finanzamt die Steuerschuld von Martin nur noch bei ihm vollstrecken, Fionas Konto ist hingegen sicher.

Trennung

Eine Trennung tut emotional und finanziell weh, und dies stark und lange. Doch zumindest einige Trennungsfolgen sind relativ schnell und einfach zu klären, wie etwa das weitere Schicksal von Ehewohnung und Hausrat. Darüber hinaus stellen sich dann aber auch in der Regel die deutlich schwieriger zu beantwortenden Fragen nach Trennungs- sowie Kindesunterhalt.

Trennung von Tisch und Bett

Trennung im rechtlichen Sinne bedeutet die Trennung von Tisch und Bett. Dabei ist es möglich, eine Trennung auch in der gemeinsamen Wohnung zu vollziehen. Dabei ist darauf zu achten, dass vor allem die Trennung von „Tisch" durchgeführt wird. Darunter wird verstanden, dass die Ehegatten nicht mehr zusammen wirtschaften, aber auch so banale Dinge, wie dass sie nicht mehr füreinander Wäsche waschen oder kochen.

Die Erfahrung zeigt aber, dass eine Trennung innerhalb einer Wohnung nur für eine kurze Übergangszeit eine Lösung sein kann. Die nervliche Belastung aller Betroffenen ist dabei sehr groß, und nicht selten sind es vor allem die Kinder, die unter dieser Situation besonders leiden.

Mit der Trennung stellt sich das erste Mal die Frage, wer mit welchem Geld aus der Familie für seine weitere Zukunft rechnen kann. Wer kann Unterstützung vom anderen Ehegatten im Rahmen des Unterhalts verlangen, wie viel muss der eine Ehegatte an den anderen bezahlen? Und welche finanziellen Mittel verbleiben ihm für sein zukünftiges Leben?

Finanzielle Unsicherheit

Das Prekäre an dieser Situation: Bisher hat die Familie in einem Haushalt von einem bestimmten monatlichen Einkommen gelebt. Mit der Trennung und dem damit einhergehenden Umzug eines Ehegatten in eine andere Wohnung muss dasselbe Einkommen nun für zwei Haushalte ausreichen, vor allem also für die Miete für eine weitere Wohnung. Nicht wenige Ehegatten stoßen dadurch an ihre finanziellen Grenzen.

Gerade diese finanzielle Unsicherheit führt immer wieder zu heftigen Streitigkeiten zwischen den getrennten Ehegatten. Hier ist es die vordringliche Aufgabe eines Rechtsanwalts, ihnen durch eine rasche Lösung der finanziellen Situation die Angst zu nehmen, um damit auch das Fundament für alle weiteren notwendigen Regelungen in Zusammenhang mit der Scheidung zu legen.

Trennungsunterhalt

Hälfte des Einkommens

Nach § 1361 BGB kann der bedürftige Ehegatte vom anderen einen den Lebens-, Erwerbs- und Vermögensverhältnissen der Ehegatten angemessenen Unterhalt verlangen. Nach dem Willen des Gesetzes soll jeder Ehegatte während der Trennungszeit die Hälfte des während der Ehe zur Verfügung stehenden Einkommens erhalten.

Dies hört sich in der Theorie gut und einfach an, ist in der Praxis oftmals allerdings ein schweres Stück Arbeit. Es müssen getrennte Konten eingerichtet werden, Ausgaben müssen auf die Ehegatten verteilt werden, und zwar möglichst gerecht. Beide Ehegatten müssen vor allem lernen, mit deutlich weniger Geld in der Tasche zurecht zu kommen.

Einkünfte

Nettoeinkommen

Die Basis für jede Unterhaltsberechnung, und damit nicht nur für den Trennungsunterhalt, sondern auch für den Kindesunterhalt und grundsätzlich auch für den nachehelichen Unterhalt, bildet das sogenannte bereinigte Nettoeinkommen der Ehegatten.

Dabei sind nicht nur Einkünfte aus Angestelltenverhältnissen zu berücksichtigen. Auch andere Einkünfte, wie zum Beispiel der sogenannte Wohnwert, sind anzusetzen. Ganz grundsätzlich kann man sich immer vorstellen, dass alle

Einnahmen berücksichtigt werden, die monatlich in die Familienkasse fließen oder tröpfeln.

Da aus diesen Einkünften der zukünftige Unterhalt berechnet wird, gilt es hier, sehr genau zu arbeiten und zu ermitteln.

Sonderzahlungen

Für einen Nichtselbständigen wird bei der Errechnung seines monatlichen Nettoeinkommens das durchschnittliche Nettogehalt der letzten zwölf Monate zugrunde gelegt. Damit werden auch Sonderzahlungen wie Weihnachts- und Urlaubsgeld, aber auch unterschiedliche Provisionszahlungen gerecht verteilt und somit an den Unterhaltsberechtigten weitergegeben. Berücksichtigt werden also neben dem eigentlichen Fixgehalt sämtliche Zulagen, Gratifikationen, Aufwandsentschädigungen, Spesen und Tantiemen.

Bei stark schwankenden variablen Gehaltsbestandteilen kann auch die Verpflichtung bestehen, das durchschnittliche Nettoeinkommen nicht aus den letzten zwölf Gehaltsabrechnungen, sondern aus einem längeren Zeitraum zu ermitteln.

Selbständige

Die Einkünfte eines selbständigen Ehegatten ermitteln sich auf Basis des von ihm aus seiner Tätigkeit erzielten Gewinns. Dabei werden zumeist die Gewinne der letzten drei Jahre herangezogen und hieraus ein monatlicher Durchschnitt gebildet. Wichtig zu wissen ist, dass die Rechtsprechung bisher grundsätzlich nicht auf die getätigten Entnahmen, sondern eben nur auf die Gewinne abstellt. Die monatlichen Entnahmen, und damit das Geld, von dem die Familie bisher gelebt hat, können auch höher als der Gewinn sein. Nichtsdestotrotz wird auf den Gewinn zurückgegriffen.

Der selbständige Ehegatte muss seine Einkünfte, und damit seinen Gewinn, grundsätzlich durch Vorlage der Einnahmen-Überschuss-Rechnung oder der Bilanz der letzten drei Jahre nachweisen. Bei diesen Nachweisen ist immer zu bedenken, dass sich ein Selbständiger mit steuerrechtlich und handelsrechtlich zulässigen Gestaltungen „ärmer" rechnen kann. In diesen Fällen empfiehlt es sich, einen auch steuerrechtlich versierten Rechtsanwalt einzuschalten oder die Unterlagen zumindest mit einem Steuerberater durchzugehen.

Elterngeld

Zu den Einkünften zählen auch Elterngeld über dem Sockelbetrag in Höhe von € 300 sowie alle Rentenzahlungen.

Einkünfte aus Immobilien

Einkünfte aus vermieteten Immobilien sind ebenfalls unterhaltsrechtliche Einkünfte. Dabei werden für die Ermittlung der Einkünfte die Nettomieten abzüglich der gewöhnlichen Instandhaltungskosten herangezogen. Außerdem ist jener Teil des Wohngeldes abziehbar, der nicht auf den Mieter umgelegt werden kann. Dazu gehören zum Beispiel Kosten der Hausverwaltung oder auch Bankkosten. Die AfA (Abschreibung für Abnutzung), die steuerlich geltend gemacht werden kann, wird bei der Berechnung des unterhaltsrelevanten Einkommens grundsätzlich nicht berücksichtigt, da diese Abschreibung nicht den tatsächlichen Wertverlust der Immobilie widerspiegelt.

Der Nachweis dieser Einkünfte erfolgt durch die Vorlage der Anlage V+V sowie der Einkommensteuerbescheide der letzten drei Jahre.

Auch Zinsen und Dividenden zählen zum unterhaltsrechtlich relevanten Einkommen.

BEISPIEL

Ehemann Martin (M) und Ehefrau Fiona(F) trennen sich nach 25 Jahren Ehe. M ist selbständig. Sein Gewinn aus seinem Betrieb im Schnitt der letzten drei Jahre belief sich auf € 36.000 nach Steuern. M gehört eine vermietete Immobilie in Berlin, aus welcher er eine monatliche Nettomiete in Höhe von € 500 erhält. Gleichzeitig muss er an die Hausverwaltung ein monatliches Wohngeld in Höhe von € 150 bezahlen. Davon entfällt ein Teil in Höhe von € 50 auf nicht auf den Mieter umlegbare Kosten. Die jährliche AfA beläuft sich auf € 4.000. F ist Vollzeit erwerbstätig und verdient monatlich € 1.500 netto.
Die unterhaltsrelevanten Einkünfte von M berechnen sich daher wie folgt:

Einkünfte aus selbständiger Tätigkeit	€ 36.000 : 12	€ 3.000
Einkünfte aus Vermietung und Verpachtung	Miete € 500 ./.€ 50 (nicht umlegbarer Anteil an Wohngeld) Kein Abzug der AfA	€ 450
Einkünfte aus Kapital	Monatliche Zinseinkünfte	€ 50

Auf Seiten von F steht ein unterhaltsrelevantes Einkommen in Form ihres Gehalts in Höhe von monatlich € 1.500.

Das Wohnen in der eigenen Immobilie wird ebenfalls als Einkommen angesehen.

Dieser Wohnwert wird grundsätzlich wertmäßig mit der objektiven Marktmiete für das eigengenutzte Objekt angesetzt. Lediglich in der Trennungsphase gesteht die Rechtsprechung hier eine finanzielle Erleichterung dahingehend zu, dass nicht die volle marktübliche Miete in Ansatz gebracht wird. Vielmehr überlegt man sich, welche Miete der in dem Eigenheim wohnende Ehegatte für eine angemessene Wohnung zahlen müsste, wenn er das selbst genutzte Objekt verlassen würde.

BEISPIEL

Fiona und Martin haben in einer 100 qm großen Eigentumswohnung gewohnt, die Martin alleine gehört. Nach der Trennung zieht Fiona aus. Die Wohnung könnte marktüblich für € 8/qm vermietet werden.
Martin müsste sich daher € 800 als Wohnwert bei der Berechnung seines unterhaltsrechtlich relevanten Einkommens anrechnen lassen. Für sich selbst würde Martin aber nur eine Wohnung mit 60 qm brauchen, so dass ihm während der Trennungszeit nur ein Wohnwert in Höhe von € 480 (60 qm x € 8/qm) zugerechnet wird.

Grund für diese Reduzierung ist die Vorstellung der Rechtsprechung, dass kein Ehegatte gezwungen werden darf, während der Trennung die Immobilie aufgeben zu müssen, um für eine etwaige Versöhnung den „Status quo“ erhalten zu können.

Abzugsposten

Darlehen und Vorsorge

Von diesem so ermittelten Einkommen werden Darlehensverbindlichkeiten, die vor der Ehe oder während der Ehe mit Einverständnis des anderen Ehegatten aufgenommen wurden, sowie Vorsorgeleistungen wie vor allem Krankenversicherungen, private Rentenversicherung, Lebensversicherung und auch Unfallversicherungen in Abzug gebracht.

Bei der Abzahlung von Verbindlichkeiten ist zu unterscheiden:

Handelt es sich um einen Konsumkredit, hat man davon beispielsweise die gemeinsame Urlaubsreise oder den neuen Fernseher bezahlt, sind sowohl Zins- als auch Tilgungsleistungen in voller Höhe bis zur vollständigen Tilgung des Darlehens einkommensmindernd abzuziehen.

Kredite

Anders verhält es sich bei Krediten für den Erwerb einer Immobilie. Hier sind die Zinszahlungen immer zu berücksichtigen. Für die Tilgungsleistung gilt dies nur bis zur Einleitung des Scheidungsverfahrens. Gehört die Immobilie nur einem Ehegatten, kann er danach die Tilgung nicht mehr in Abzug bringen, da es sich bei ihm um eine einseitige Vermögensbildung handelt, die der andere über den Unterhalt nicht mitfinanzieren soll. Bleibt die Immobilie auch nach der Scheidung im Miteigentum der Ehegatten, kann auch weiter die Tilgung berücksichtigt werden.

BEISPIEL

Martin (M) und Fiona (F) unterhalten beide Lebensversicherungen, Martin zahlt monatlich € 150, Fiona € 100. M ist privat krankenversichert und muss monatlich einen Betrag in Höhe von € 300 an die Krankenkasse zahlen. F hat eine private Zusatzkrankenversicherung, für die sie € 50 im Monat zahlt.
Für die Wohnung in Berlin zahlt M noch monatliche Verbindlichkeiten in Höhe von € 250 ab, wovon € 200 auf Zins und € 50 auf die Tilgung entfallen. Für die eigengenutzte Eigentumswohnung muss M monatlich noch einen Betrag in Höhe von € 500 zahlen, aufgeteilt in € 300 Zins und € 200 für die Tilgung.
Die Beiträge für Lebens- und Krankenversicherung können sowohl M als auch F von ihrem Einkommen abziehen. Während der Trennung kann M Zins und Tilgung für beide Immobilien in Abzug bringen. Nach Einleitung des Scheidungsverfahrens reduziert sich dieser Abzug auf die Zinsleistungen.

Als weiteren Abzug gewährt die Rechtsprechung Arbeitnehmern und Arbeitnehmerinnen einen Abzug von pauschal 5 % des Nettoeinkommens für sogenannte berufsbedingte Aufwendungen. Dabei handelt es sich vor allem um Fahrtkosten. Liegen diese höher als der Pauschalbetrag, können auch die konkreten Kosten unter Vorlage von Nachweisen geltend gemacht werden. Nach den Süddeutschen Leitlinien zum Unterhaltsrecht, Stand 1.1.2010, können pro gefahrenem Kilometer € 0,30 angesetzt werden. Bei langen Fahrtstrecken (über 30 km) kann nach unten auf € 0,20/km abgewichen werden.

GUT ZU WISSEN

Mit den sogenannten unterhaltsrechtlichen Leitlinien versuchen die deutschen Oberlandesgerichte, die unterhaltsrechtliche Rechtsprechung der Amtsgerichte in ihrem Bezirk zu vereinheitlichen. Diese Grundsätze sind für die Richter allerdings lediglich Orientierungshilfen, also nicht verbindlich. Die meisten Richter halten sich aber daran. Insgesamt gibt es 19 verschiedene Leitlinien, die sich in manchen Bereichen durchaus unterscheiden können.
Im Süddeutschen Raum haben sich die Oberlandesgerichte von Bamberg, Karlsruhe, München, Nürnberg, Stuttgart und Zweibrücken zusammengeschlossen und erstellen eine einheitliche Richtlinie, die sogenannten Süddeutschen Leitlinien.

Soweit es dem pflichtigen Ehegatten zumutbar ist, mit den öffentlichen Verkehrsmitteln zu fahren und diese günstiger als die Fahrt mit dem PKW sind, wird er auf dieses Transportmittel verwiesen. Es werden auch nur diese Kosten einkommensmindernd anerkannt.

BEISPIEL

Martin (M) fährt jeden Tag mit dem Auto zur Arbeit, während Fiona (F) die öffentlichen Verkehrsmittel nimmt und hierfür monatlich € 120 aufwendet.
Der Pauschalbetrag steht nur angestellten Arbeitnehmern offen. M ist selbständig und kann ihn daher nicht geltend machen. Er konnte seine berufsbedingten Aufwendungen im Zweifel bereits in seiner Gewinnermittlung gewinnmindernd berücksichtigen.
F hingegen wird die konkreten Kosten ansetzen. Bei ihr beläuft sich der Pauschalbetrag auf € 75 (5 % von € 1.500), die tatsächlich anfallenden monatlichen Kosten sind mit € 120 deutlich höher.

Kindesunterhalt

Aus dem auf dieser Basis ermittelten sogenannten bereinigten Nettoeinkommen wird dann, soweit Kinder vorhanden sind, der Kindesunterhalt anhand der Düsseldorfer Tabelle berechnet und in Abzug gebracht. Von dem dann verbleibenden Nettoeinkommen wird der Trennungsunterhalt berechnet.

Betreuung vs. Barunterhalt

Ein minderjähriges Kind hat grundsätzlich gegenüber seinen beiden Eltern Anspruch auf Kindesunterhalt nach § 1601 BGB. Dabei erfüllt aber jener Elternteil, mit welchem das Kind zusammenlebt, diese Verpflichtung durch die Betreuung des Kindes. Der andere Elternteil schuldet Barunterhalt, berechnet auf Basis der Düsseldorfer Tabelle, § 1612a BGB.

Da beiden Elternteilen das Kindergeld von derzeit monatlich € 184 für das erste bis dritte Kind jeweils zur Hälfte zusteht, es aber nur jenem Elternteil ausbezahlt wird, bei welchem das Kind wohnt, wird das hälftige Kindergeld mit dem Unterhaltsbetrag aus der Düsseldorfer Tabelle verrechnet. Bezahlt wird nur der geminderte Betrag.

Volljährigkeit

Die Notwendigkeit einer Betreuung erlischt nach dem Gesetz mit dem Erreichen der Volljährigkeit des Kindes. Dieses bleibt unterhaltsberechtigt, solange es sich noch in einer Ausbildung befindet. Ab dem Erreichen des 18. Lebensjahres werden beide Elternteile barunterhaltspflichtig.

Solange das volljährige Kind noch zu Hause lebt, errechnet sich der Kindesunterhalt aus dem zusammengerechneten Einkommen der Eltern. Der Betrag ergibt sich aus Gruppe 4 der Düsseldorfer Tabelle. Hierauf hat sich das Kind das Kindergeld und ein etwaiges Ausbildungsgehalt bedarfsdeckend anrechnen zu lassen. Der verbleibende Unterhaltsbetrag wird auf die Eltern im Verhältnis ihrer Einkommen zueinander aufgeteilt.

Lebt das volljährige, studierende Kind auswärts, gibt die Düsseldorfer Tabelle einen Festbetrag von monatlich € 640 vor. Auch hierauf wird das Kindergeld noch verrechnet.

Der Kindesunterhalt umfasst neben den Beträgen aus der Düsseldorfer Tabelle auch den sogenannten Mehr- wie auch den Sonderbedarf.

Mehrbedarf

Unter Mehrbedarf versteht man Kosten, die während eines längeren Zeitraums regelmäßig anfallen, die üblichen Kosten übersteigen und deshalb von den Regelsätzen der Düsseldorfer Tabelle nicht erfasst sind. Typischer Mehrbedarf sind Kosten für Privatschulen, Nachhilfeunterricht, bei Volljährigen die Studiengebühren.

Hierzu hat der BGH in seinen Entscheidungen vom 5.3.2008 sowie 26.11.2008 (BGH FamRZ 2008, S. 1152 sowie BGH FamRZ 2009, S. 962) entschieden, dass Kindergartenkosten in vollem Umfang als Mehrbedarf des Kindes anzusehen sind. Bisher war die Rechtsprechung davon ausgegangen, dass ein Betrag in Höhe von € 50 in den Sätzen der Düsseldorfer Tabelle enthalten war. Allerdings wurde noch nicht explizit entschieden, ob dies auch für Hortkosten oder Kosten für Ganztagsschulen gelten soll, wovon aber auszugehen ist.

Der Mehrbedarf erhöht den Unterhaltsanspruch des Kindes dauerhaft, wenn die kostenverursachende Maßnahme sachlich begründet ist oder beide Ehegatten damit einverstanden sind.

Sonderbedarf

Im Gegensatz dazu spricht man von Sonderbedarf, wenn unregelmäßig ein außergewöhnlich hoher Bedarf entsteht, der nicht voraussehbar war. Darunter können Kosten für Skilager, Landschulheimaufenthalte oder auch eine kieferorthopädische Behandlung fallen. Abgelehnt wurden in der Rechtsprechung die Kosten für Kommunion oder Konfirmation, da diese Ereignisse sehr lange Zeit vorher feststehen und man daher aus dem normalen Kindesunterhalt Rücklagen bilden kann.

BEISPIEL

Martin (M) und Fiona (F) haben eine Tochter, Thea (T), welche 17 Jahre alt ist. Thea bleibt nach der Trennung bei ihrer Mutter und wohnt bei ihr.
Thea ist noch minderjährig, so dass F ihre Verpflichtung durch Betreuung erfüllt, während M barunterhaltspflichtig ist.
Sein bereinigtes Nettoeinkommen für die Bestimmung des Kindesunterhalts nach der Düsseldorfer Tabelle berechnet sich wie folgt:

selbständige Tätigkeit	€	3.000
zzgl. Wohnwert		480
zzgl. Mieteinnahmen		450
zzgl. Zinseinkünfte		50
unterhaltsrelevantes Einkommen M	€	3.980
abzgl. Lebensversicherung	€	150
abzgl. Krankenversicherung		300
abzgl. Zins und Tilgung Berlin		250
abzgl. Zins und Tilgung ETW		500
bereinigtes Nettoeinkommen	€	2.780

Damit ist M in die fünfte Einkommensgruppe und T aufgrund ihres Alters in die dritte Altersgruppe einzuordnen. Es ergibt sich ein Tabellenunterhalt in Höhe von € 512. Hiervon ist noch die Hälfte des Kindergeldes in Höhe von derzeit € 184 gesamt und damit € 92 in Abzug zu bringen, so dass sich ein Zahlbetrag für M in Höhe von € 420 für T errechnet.

Erwerbstätigenbonus

Bei der Berechnung des Ehegattenunterhalts wird zusätzlich vom bereinigten Nettoeinkommen nach Abzug des Kindesunterhalts ein Bonus von 10 % abgezogen, das Einkommen also um diese 10 % gekürzt. Dies soll ein Anreiz für die Ehegatten sein, weiterhin einer Erwerbstätigkeit nachzugehen.

BEISPIEL

Damit errechnet sich das für den Ehegattenunterhalt zur Verfügung stehende bereinigte Nettoeinkommen von Martin wie folgt:

Bereinigtes Nettoeinkommen (s.o.)	€ 2.780
abzgl. Kindesunterhalt T	420
verbleibt	€ 2.360
abzgl. Erwerbstätigenbonus 10 %	€ 236
für Ehegattenunterhalt zur Verfügung	€ 2.124

Für Fiona berechnet sich folgendes für den Ehegattenunterhalt zur Verfügung stehende Einkommen:

Gehalt	€ 1.500
abzgl. konkrete berufsbed. Aufwendungen	120
abzgl. Lebensversicherung	100
abzgl. private Zusatzkrankenkasse	50
bereinigtes Nettoeinkommen	€ 1.230
abzgl. 10 % Erwerbstätigenbonus	123
für Ehegattenunterhalt zur Verfügung	€ 1.107

Der Trennungsunterhaltsanspruch von F berechnet sich wie folgt:

relevantes Einkommen des M	€ 2.124
relevantes Einkommen der F	1.107
Gesamteinkommen der Ehe	€ 3.231
davon steht jedem zu	1.615
davon erzielt F selbst	1.107
Trennungsunterhaltsanspruch der F	€ 509

Schlussendlich zahlt M in der Trennungszeit an F einen Trennungsunterhalt in Höhe von € 509 und für T Kindesunterhalt in Höhe von € 420.

Selbstbehalt des pflichtigen Ehegatten

Der pflichtige Ehegatte kann nicht „bis auf die nackte Haut ausgezogen“ werden. Es stellt sich also die Frage, wie viel Geld dem pflichtigen Ehegatten verbleiben muss, um seinen Lebensunterhalt bestreiten zu können.

Uneinheitliche Beträge

Aus dem Gesetz ergibt sich hierauf keine Antwort. Selbstbehalte, also Beträge, die dem Pflichtigen verbleiben müssen, sind in der Rechtsprechung entwickelt worden. Leider sind diese Beträge nicht in der ganzen Bundesrepublik einheitlich, Unterschiede sind im Einzelfall zu berücksichtigen.

Süddeutsche Leitlinien

In Süddeutschland gilt nach den Süddeutschen Leitlinien gegenüber minderjährigen Kindern ein notwendiger Selbstbehalt in Höhe von € 770, gegenüber volljährigen Schülern in Höhe von € 900. Gegenüber anderen volljährigen unterhaltsberechtigten Kindern muss der angemessene Selbstbehalt in Höhe von € 1.100 verbleiben, während gegenüber dem Ehegatten dieser Betrag bei € 1.000 liegt.

Erwerbspflicht des berechtigten Ehegatten / Begrenzung und Befristung

Trennungsphase

Während der Trennungsphase verlangt die Rechtsprechung von dem unterhaltsberechtigten Ehegatten grundsätzlich nicht, eine Arbeitstätigkeit aufzunehmen. Vielmehr besagt die Rechtsprechung bis heute, dass in der Trennungsphase die bisherige Situation in der Familie soweit wie möglich aufrechterhalten werden soll, um jedem Ehegatten nach der Trennung die Rückkehr in die Familie zu ermöglichen.

Aus diesem Grunde ist es auch grundsätzlich nicht möglich, den Trennungsunterhalt zu begrenzen oder zu befristen.

Die Rechtsprechung tendiert aber mittlerweile dahin, bei länger andauernden Trennungsphasen die Grundsätze einer Begrenzung und Befristung sowie die Notwendigkeit der Arbeitsaufnahme auch von dem getrennt lebenden unterhaltsbedürftigen Ehegatten zu verlangen. Dies soll nach derzeitiger Rechtsprechung ab einer Trennungsphase von zwei bis drei Jahren gelten, da es mittlerweile üblich ist, sich nach einem Jahr scheiden zu lassen, und damit so lange Trennungsphasen durchaus eher unüblich sind.

Steuerrechtliche Folgen der Trennung

Steuerklasse

Im Jahr der Trennung können die Ehegatten die bisher gewählten Steuerklassen, also entweder IV/IV oder III/V, beibehalten. Dem Steuerrecht reicht ein Tag im Jahr, an dem die Voraussetzungen der Steuerklassenwahl vorgelegen haben müssen, die Ehegatten also nicht dauerhaft getrennt gelebt haben.

Nach Ablauf dieses Kalenderjahres sind die Steuerklassen zu wechseln: auf Steuerklasse I oder bei Ehegatten mit Kindern auf Steuerklasse II.

Sollten die Ehegatten vorher in den Steuerklassen III/V gewesen sein, wird sich für den pflichtigen Ehegatten eine Reduzierung seines monatlichen Einkommens und für den Berechtigten eine Erhöhung ergeben. Diese Veränderungen wirken sich dann auf die Unterhaltsansprüche aus.

Begrenztes Realsplitting

Solange ein Ehegatte Unterhalt für sich erhält, ist er grundsätzlich verpflichtet, dem sogenannten begrenzten Realsplitting zuzustimmen und die Anlage U zur Einkommensteuer zu unterschreiben.

Damit kann der Unterhalt zahlende Ehegatte seine Unterhaltszahlungen bis zu einem Betrag in Höhe von € 13.805 jährlich als Sonderausgaben von seinem steuerpflichtigen Einkommen abziehen und damit seine Steuerlast verringern.

Der Unterhalt erhaltende Ehegatte muss den Unterhalt aber im Rahmen seiner Einkommensteuer versteuern. Zwar erhöht sich die Steuerlast dadurch, aber der Unterhaltsempfänger erhält nach der Rechtsprechung einen Anspruch auf Ersatz des ihm entstehenden steuerlichen Nachteils gegenüber dem anderen Ehegatten. So wirkt sich diese Regelung für ihn nicht negativ aus.

Finanzieller Vorteil

Das begrenzte Realsplitting führt aufgrund der Progressionsbesteuerung zu einem finanziellen Vorteil der Familie. Der steuerliche Vorteil des Pflichtigen ist höher als der Nachteil des Berechtigten. Dieser Vorteil nach Abzug des Ausgleichs an den Berechtigten fließt dem Pflichtigen aber nicht alleine zu. Vielmehr wird dieser auf den Monat umgerechnet und als Einkommen des Pflichtigen bei der Unterhaltsberechnung wieder berücksichtigt.

Scheidung

Mit der Scheidung muss grundsätzlich der nacheheliche Unterhalt geregelt werden, das Vermögen ist auseinanderzusetzen und damit der Zugewinnausgleich zu berechnen. Außerdem gilt es, den Versorgungsausgleich durchzuführen.

Nachehelicher Unterhalt

Reform zum 1.1.2008

Lebenslanger Unterhalt

Die Rechtslage bis zum 31.12.2007 ging schon fast von einer Lebensstandardgarantie für den Unterhaltsberechtigten aus. Dieser konnte sich in zahlreichen Fallkonstellationen darauf verlassen, vom anderen Ehegatten lebenslang unterstützt zu werden, also Unterhalt zu erhalten. Das Bürgerliche Gesetzbuch (BGB) sah zwar auch nach alter Rechtslage Möglichkeiten für eine Begrenzung oder eine Befristung des Unterhalts vor. Diese Möglichkeiten wurden aber auch durch die Rechtsprechung sehr eingeschränkt und daher zumeist nicht genutzt.

Unterhaltsrechtsreform

Diesem Trend wollte der Gesetzgeber mit seiner Unterhaltsrechtsreform zum 1.1.2008 gegensteuern. Ebenso wollte er aber auch den Veränderungen in den persönlichen Verhältnissen Rechnung tragen. Heute wird in den Großstädten fast jede zweite Ehe geschieden. Viele Geschiedene heiraten oftmals wieder, bekommen vielleicht in dieser zweiten Ehe Kinder. Diese „Zweitehen" waren finanziell in hohem Maße durch die Unterhaltszahlungen an die erste Ehe, also an die geschiedene Ehefrau und die Kinder, belastet. Geschiedene hatten oftmals keine Chance, diese Belastung auf Dauer zu reduzieren, es sei denn, der geschiedene Ehegatte heiratete ebenfalls wieder.

Die Vorstellung, nach einer Scheidung jahrelang an einen Expartner Unterhalt zahlen und dabei selbst fast an der Armutsgrenze leben zu müssen, war und ist sicherlich eine Horrorvorstellung für viele Menschen.

Eigenverantwortung

Mit der Reform wurde vor allem das Ziel verfolgt, die wirtschaftliche Eigenverantwortung beider Ehegatten nach Trennung und Scheidung zu stärken. Der berechtigte Ehegatte kann sich nun nicht mehr darauf verlassen, dass er lebenslang am Standard der Ehe partizipieren wird. Es wird von ihm nun vielmehr erwartet, sich wieder auf die eigenen Füße zu stellen und einer Erwerbstätigkeit nachzugehen, mit der er sich selbst unterhalten kann. Der Satz „Einmal Chefarztgattin, immer Chefarztgattin" gilt heute nicht mehr.

Bei der Ermittlung der Höhe des Unterhalts nach der Scheidung wird nur noch für eine Übergangszeit der finanzielle Standard der Ehe als Maßstab genommen. Nach dieser Übergangszeit wird dann lediglich ein etwaig vorhandener ehebedingter Nachteil ausgeglichen. Dazu wird überprüft, ob dem berechtigten Ehegatten durch die Ehe in seinem Berufsleben ein finanzieller Nachteil entstanden ist, welcher auszugleichen ist. Die Berechnung des Unterhalts erfolgt dann also nicht mehr auf Basis der Einkommensverhältnisse in der Ehe, wie noch im Bereich des Trennungsunterhalts vorgestellt.

Ehebedingter Nachteil

Anspruch an sich

Ein nachehelicher Ehegattenunterhaltsanspruch besteht, wenn ein Ehegatte dazu berechtigt ist, sich also aufgrund bestimmter Lebensumstände, die im Gesetz genau definiert sind, nicht alleine unterhalten kann. Außerdem muss der andere Ehegatte aufgrund seiner Einkommensverhältnisse in der Lage sein, Ehegattenunterhalt zu bezahlen.

Voraussetzungen

Aber wie sehen diese Lebensumstände aus, die zu einer Unterhaltsberechtigung führen? Dabei handelt es sich zum einen um die Tatsache, dass ein Ehegatte Kinder betreut, dass er aufgrund von Alter oder Krankheit nicht in der Lage ist, selbst erwerbstätig zu sein, dass er arbeitslos ist und daher kein oder wenig Einkommen erzielt. Zuletzt gibt es noch den sogenannten Aufstockungsunterhalt, wenn der Ehegatte mit seinem eigenen Einkommen die ehelichen Lebensverhältnisse nicht erreicht.

Betreuungsunterhalt

Nach dem Gesetz in § 1570 BGB steht dem betreuenden Ehegatten Unterhalt aufgrund der Betreuung von Kindern zu. Dabei soll allerdings nicht die Tatsache der Betreuung an sich „vergütet" werden. Der Anspruch besteht, wenn der betreuende Ehegatte seine eigene Erwerbstätigkeit aufgrund der Betreuung der gemeinsamen Kinder einschränken muss und sich daher nicht alleine unterhalten kann.

Altersphasenmodell

Bis zur Unterhaltsrechtsreform vom 31.12.2007 galt nach einer Rechtsprechung des Bundesgerichtshofs für die Frage, wie lange ein Ehegatte zu Hause bei den Kindern bleiben konnte und daher nicht arbeiten musste, das sogenannte „Altersphasenmodell". Danach war der betreuende Elternteil bis zum Beginn der dritten Grundschulklasse des jüngsten Kindes überhaupt nicht verpflichtet zu arbeiten. Dann musste er eine Teilzeittätigkeit aufnehmen, die nach dem 15. Geburtstag des jüngsten Kindes zu einer Ganztagestätigkeit ausgebaut werden musste.

Kürzere Ansprüche

Der Betreuungsunterhalt wurde mit der Reform zum 1.1.2008 grundlegend verändert. Jetzt besteht ein Anspruch grundsätzlich nur noch bis zur Vollendung des dritten Lebensjahres des jüngsten gemeinsamen Kindes. Eine Verlängerung dieses Unterhaltsanspruchs ergibt sich lediglich im Rahmen einer Billigkeitsentscheidung aus kind- oder elternbezogenen Gründen.

Bis zum Ende des dritten Lebensjahres des Kindes muss der betreuende Elternteil also nicht arbeiten. Tut er dies doch, kann er seine Arbeitstätigkeit jederzeit wieder aufgeben. Etwaiges Entgelt aus Arbeitstätigkeit kann unter bestimmten Umständen teilweise angerechnet werden, muss aber nicht.

Entgegen mancher Stimme, vor allem in der Presse, ist der betreuende Elternteil auch nach Inkrafttreten der Reform zum Zeitpunkt der Vollendung des dritten Lebensjahres des Kindes nicht sofort verpflichtet, eine Ganztagestätigkeit aufzunehmen. Es wird auch weiterhin nur ein gestaffelter Übergang in das Erwerbsleben gefordert.

Betreuungsbedürftigkeit

Die Frage einer Unterhaltsberechtigung nach dem dritten Lebensjahr richtet sich vor allem nach der individuellen Betreuungsbedürftigkeit des Kindes, aber auch nach den Betreuungsmöglichkeiten vor Ort.

Im Normalfall wird aus persönlichen Gründen des Kindes nichts gegen den Besuch eines Kindergartens sprechen. Anders wird dies aber bei Kindern mit Entwicklungsstörungen, Behinderungen oder auch psychischen Problemen aufgrund der Trennung der Eltern zu sehen sein.

Vorrang der öffentlichen Betreuung

Der Bundesgerichtshof hat erst kürzlich entschieden, dass der öffentlichen Betreuung vor der privaten Betreuung der Vorzug zu geben ist. Der betreuende Elternteil kann sich daher grundsätzlich nach dem dritten Geburtstag des Kindes nicht mehr darauf berufen, dass er das Kind privat betreuen möchte und daher keiner oder nur einer eingeschränkten Arbeitstätigkeit nachgehen kann. Die öffentliche Betreuungsmöglichkeit muss aber zumutbar und finanzierbar sein. Sie sollte vor allem in angemessener Zeit erreichbar sein, also im Umfeld der Wohnung des betreuenden Ehegatten liegen.

BEISPIEL

Martin (M) und Fiona (F) lassen sich scheiden. Sie haben einen gemeinsamen Sohn, Stefan (S), der vier Jahre alt ist.
a) In dem Ort, in dem F mit S lebt, gibt es einen Kindergarten, der um 12.00 Uhr schließt. Der nächste Ganztageskindergarten befindet sich in 25 km Entfernung, entgegengesetzt zur Fahrtrichtung zur Arbeitsstelle von F. Am Ort wohnt aber die Oma von S.
F kann S in dieser Situation in den Kindergarten vor Ort geben. M kann nicht verlangen, dass S in den 25 km entfernten Ganztageskindergarten geht. M kann auch nicht fordern, dass sich die Oma um die Betreuung am Nachmittag kümmert, damit F ganztags arbeiten gehen könnte.
b) Am Ort befindet sich eine Ganztageseinrichtung.
Dann kann M auch verlangen, dass S diese Einrichtung ganztags besucht, solange in der Person von S nichts gegen einen Besuch des Ganztageskindergartens spricht.

Der pflichtige Ehegatte kann also nicht fordern, dass das Kind von der Oma oder einem Verwandten betreut wird, damit der andere Ehegatte wieder arbeiten gehen kann.

Umfang der Erwerbstätigkeit

Wenn eine angemessene Betreuungsmöglichkeit für das Kind vorhanden ist, stellt sich als nächstes die Frage nach dem Umfang der Erwerbstätigkeit des betreuenden Elternteils.

Nachdem das Kind das dritte Lebensjahr vollendet hat, muss der betreuende Elternteil grundsätzlich eine teilschichtige Arbeit aufnehmen. Geklärt ist zwischenzeitlich höchstrichterlich, dass die tatsächlichen Betreuungsstunden des Kindes nicht zu 100 % in die zu leistenden Arbeitsstunden umgewandelt werden können. Zwischenzeitlich haben die Gerichte erkannt, dass die Betreuung vor allem kleiner Kinder sehr intensiv ist, so dass man dem betreuenden Elternteil durchaus einige Stunden zu Hause ohne das Kind zubilligt. Die Zahl dieser Ruhe-Stunden wird aber immer mehr reduziert, je älter das Kind wird.

Beweislast

Die Darlegungs- und Beweislast für die Tatsache der weiteren Unterhaltsbedürftigkeit nach dem 3. Geburtstag des Kindes hat der berechtigte Ehegatte, d.h. er muss nachweisen, dass eine entsprechende Betreuungsmöglichkeit vor Ort nicht vorhanden, in dieser kein Platz oder vielleicht nur ein Halbtagesplatz verfügbar ist. Er muss darüber hinaus nachweisen, in welchem Umfang er einer Erwerbstätigkeit nachgehen kann.

Das strenge Altersphasenmodell, wie es noch bis zum 31.12.2007 angewandt wurde, gibt es nicht mehr, es ist vom Bundesgerichtshof für die neuen Vorschriften ab dem 1.1.2008 auch explizit abgelehnt worden. In einem gerichtlichen Unterhaltsprozess konnte sich der berechtigte Ehegatte bis zur Reform auf dieses Modell berufen und der Pflichtige musste nachweisen, wieso dieses nicht zutreffen konnte.

Nach dem Bundesgerichtshof muss die Sachlage in jedem Fall einzeln und individuell überprüft werden. Die Frage, wer in welcher Höhe Unterhalt erhält und damit auch die Frage, wieviel der betreuende Elternteil tatsächlich arbeiten muss, ist reines Richterrecht und eine Entscheidung im Einzelfall anhand der persönlichen Verhältnisse der Ehegatten und Kinder geworden. Gerade dieser Umstand macht eine Aussage zu der Frage, wie lange und in welcher Höhe nachehelicher Unterhalt zu zahlen sein wird, sehr schwierig. Jeder Richter ist anders, jeder legt auf andere Umstände mehr Gewicht.

Entscheidung im Einzelfall

Das OLG Celle hat beispielsweise in einem Urteil vom 6.8.2009, Az. 17 UF 210/08, entschieden, dass bei einer Betreuung von zwei Kindern mit 11 und 14 Jahren auch bei einer geeigneten Nachmittagsbetreuung dem betreuenden Elternteil noch nicht zugemutet werden kann, ganztags zu arbeiten. Es muss in diesem Fall vielmehr noch berücksichtigt werden, dass der betreuende Elternteil die Kinder nach seiner Arbeit abends weiter umsorgen muss und daher mit einer zusätzlichen Ganztagestätigkeit überobligatorisch belastet sei.

Urteil

In anderen Urteilen ist man davon ausgegangen, dass sich Kinder in diesem Alter abends alleine beschäftigen, so dass dem betreuenden Ehegatten neben einer ganztägigen Tätigkeit der abendliche Betreuungsaufwand durchaus zugemutet werden kann.

Ausbildungs- und Erwerbslosenunterhalt

Wer vor oder während der Ehe beispielsweise aufgrund der Betreuung eines Kindes eine Schulausbildung abbricht, eine Berufsausbildung erst gar nicht aufnimmt oder sich zum Zeitpunkt der Trennung und Scheidung gerade in einer solchen befindet, hat Anspruch auf den sogenannten Ausbildungsunterhalt. Allerdings muss dann davon auszugehen sein, dass die Ausbildung zu einer langfristigen Beschäftigungschance führt.

Keine zumutbare Arbeit

Ein Unterhaltsanspruch aufgrund von Arbeitslosigkeit ist dann gegeben, wenn ein Ehegatte zum Zeitpunkt der Scheidung keine zumutbare Arbeit finden kann, aus der er seinen Unterhaltsbedarf selbst erwirtschaften kann. Die Frage der Zumutbarkeit der Erwerbstätigkeit richtet sich nach fünf Kriterien: Ausbildung, berufliche Fähigkeiten, Erfahrungen aus einer früheren beruflichen Tätigkeit, das Alter und der Gesundheitszustand.

Ausreichende Bemühungen

Ein Anspruch besteht allerdings nur dann, wenn und solange der Berechtigte sich ernsthaft und konsequent darum bemüht, eine Arbeit zu finden. Es reicht nicht, sich bei der Agentur für Arbeit arbeitssuchend zu melden. Die Gerichte verlangen durchaus, dass die Bemühungen zeitlich etwa der Arbeitszeit eines Vollzeit-Beschäftigten entsprechen müssen. Als weiteren Anhaltspunkt für eine ernsthafte Bemühung um eine Stelle sieht die Rechtsprechung in einer Zahl von 20 bis 40 Bewerbungen auf Stellen, die der Ausbildung und den Fähigkeiten entsprechen.

Krankheits- und Altersunterhalt

Erkrankungen, die zu einer tatsächlichen Erwerbsunfähigkeit führen, können ebenfalls einen Anspruch auf nachehelichen Ehegattenunterhalt bedingen.

Die gescheiterte Ehe muss nicht der Auslöser der Krankheit gewesen sein. Es reicht, wenn die Krankheit während der Ehe oder der Trennung ausgebrochen ist oder latent vorhanden war und innerhalb eines überschaubaren Zeitraums zu einer Verschlechterung des Gesundheitszustands und der (teilweisen) Erwerbsunfähigkeit geführt hat.

Konnte sich ein Ehegatte noch zwei Jahre nach der Ehescheidung allein unterhalten, so wird im Zweifel ein Unterhaltsanspruch aufgrund einer Krankheit, die schon zum Zeitpunkt der Scheidung latent vorhanden war, aber nicht mehr gewährt werden.

Grundsätzlich kommt ein Unterhaltsanspruch wegen Alters in Betracht, wenn ein Ehegatte zum Zeitpunkt der Scheidung die gesetzliche Altersgrenze von 67 Jahren erreicht hat. Davor kann ein solcher Unterhaltsanspruch nur ausnahmsweise zum Tragen kommen, wenn dem berechtigten Ehegatten eine Erwerbstätigkeit, und sei es nur eine Teilzeittätigkeit, aufgrund des Alters, der Ausbildung und der Arbeitsmarktlage nicht zumutbar ist.

Altersgrenze

Aufstockungsunterhalt

Liegt keiner der genannten Unterhaltstatbestände vor und kann der berechtigte Ehegatte nach der Scheidung oder nach Wegfall einer der vorgenannten Unterhaltsgründe, beispielsweise Wegfall der Betreuungsnotwendigkeit der gemeinsamen Kinder, aber mit seinem Einkommen die ehelichen Lebensverhältnisse nicht erreichen, so besteht grundsätzlich ein Anspruch auf Aufstockungsunterhalt.

Begrenzung auf den angemessenen Bedarf / Befristung

Für alle Unterhaltstatbestände gilt, dass nach der Scheidung für eine Übergangszeit zuerst einmal der Unterhaltsanspruch nach den ehelichen Lebensverhältnissen berechnet wird. Es wird also der Anspruch auf Basis der Einkommensverhältnisse des Ehemannes wie auch der Ehefrau ermittelt. Die Berechnung, die unterhaltsrelevanten Arten von Einkommen und die zu berücksichtigenden

Übergangszeit

Abzugsposten entsprechen den oben zum Trennungsunterhalt erläuterten Positionen. Insoweit kann auf die obigen Ausführungen verwiesen werden.

Änderung der Verhältnisse

Lange Zeit streitig war die Frage, wie sich Veränderungen in den persönlichen oder finanziellen Verhältnissen auf die Unterhaltsberechnung auswirken. So wurde beispielsweise eine normale Gehaltssteigerung, die Jahre nach der Scheidung eintrat, noch als in der Ehe angelegt angesehen und der Unterhalt auch Jahre nach der Scheidung auf der erhöhten Basis berechnet. Ein Karrieresprung wurde hingegen als nicht absehbar eingestuft, die sich hieraus ergebende Steigerung des Gehalts wurde bei der Unterhaltsberechnung nicht berücksichtigt.

Prägende Tatsachen

Ebenso „abenteuerlich" war die Rechtsprechung im Fall von Kindern aus einer neuen Verbindung eines Ehegatten. Wurde dieses Kind bis zur Rechtskraft der Scheidung geboren, hatte es nach Ansicht der Gerichte die Ehe noch geprägt. Sein Unterhalt wurde also bei der Berechnung des Unterhalts der geschiedenen Ehefrau berücksichtigt. Wenn das Kind aber erst nach Rechtskraft der Scheidung geboren wurde, war es für die Unterhaltsberechnung der geschiedenen Ehefrau nicht von Interesse. Vor allem diese Unterscheidung konnte vielen Mandanten nicht vermittelt werden. Die Tatsache, dass ein Kind aus einer neuen Beziehung geboren wird, lässt darauf schließen, dass die Ehe seit geraumer Zeit nicht mehr bestand. Dann konnte ein neues Kind diese Ehe auch nicht mehr prägen oder andersherum, ein nach der Scheidung geborenes Kind hat dann eigentlich die bereits zerbrochene Ehe in gleichem Maße geprägt.

Mit der Frage, ob nach der Scheidung eintretende Veränderungen die Ehe noch geprägt haben und daher bei der Berechnung des Unterhalts zu berücksichtigen sind, hat sich der BGH oftmals beschäftigt und die Antworten darauf nun vollständig verändert. In einer Entscheidung vom 15.3.2006 (BGH, FamRZ 2006, S. 683) hat der BGH dahingehend entschieden, dass die ehelichen Lebensverhältnisse wandelbar sind und sich Unterhaltsansprüche bei einer Veränderung der Verhältnisse damit nachträglich grundsätzlich ändern können. Diese Veränderung kann positiv sein, dann nämlich, wenn zum Beispiel ein Karrieresprung zu deutlich höherem Einkommen führt. Dann kann der Unterhaltsanspruch erhöht werden. Eine Veränderung kann sich aber auch negativ auswirken, wenn beispielsweise eine zweite Ehe mit einem neuen Kind hinzukommt. Diese neuen Unterhaltsansprüche des neuen minderjährigen Kindes können einer Erstehefrau vorrangig sein und damit ihren Unterhaltsanspruch verringern.

Unterhaltsansprüche wandelbar

Zielsetzung des Gesetzgebers mit seiner Unterhaltsreform war es aber vor allem, lebenslangen Unterhaltsansprüchen und einer Lebensstandardgarantie entgegenzutreten, diese also zu verhindern. Deshalb wurde in § 1587b BGB ausdrücklich die Möglichkeit aufgenommen, aus Billigkeitsgründen den Unterhaltsanspruch herabzusetzen oder ihn ganz entfallen zu lassen.

Billigkeitsgründe

Diese Möglichkeit kann nach der Rechtsprechung für alle Unterhaltstatbestände genutzt werden, nach der derzeit herrschenden Rechtsprechung auch für den Krankenunterhalt. Auch dieser soll, solange die Krankheit nicht nachweislich durch die Ehe verursacht worden ist, begrenzbar oder befristbar sein, da eine Krankheit ein persönliches Lebensrisiko darstellt, das nicht über eine Ehe abgesichert werden soll.

Einzige Ausnahme bildet hier der Betreuungsunterhalt. Hier überwiegt nach der derzeitigen Rechtsprechung das Wohl des Kindes, womit kein Platz für eine Begrenzung oder Befristung vorhanden ist. Einige Stimmen in der Li-

Ausnahme Betreuungsunterhalt

teratur bejahen aber auch für diesen Unterhaltstatbestand die Möglichkeit der Begrenzung und Befristung. Eine höchstrichterliche Entscheidung ist hierzu bisher noch nicht ergangen.

Anpassen des Lebensstandards

Der gerade geschiedene berechtigte Ehegatte kann aber für eine gewisse Zeit zumindest auf die Fortdauer der gelebten Lebensverhältnisse vertrauen. Er muss Zeit bekommen, seinen Lebensstandard anzupassen. In dieser Übergangszeit erfolgt keine Begrenzung oder Befristung, der Unterhalt wird auf Basis der ehelichen Lebensverhältnisse, wie im Kapitel Trennungsunterhalt erläutert, berechnet.

Übergangszeit

Die Länge dieser Übergangszeit obliegt der Entscheidung des Richters und ist damit eine Einzelfallentscheidung, jeweils orientiert am individuellen Sachverhalt. Der BGH hat in einer Entscheidung von einer Übergangszeit von einem Viertel der Ehedauer gesprochen, verschiedene Oberlandesgerichte haben zwischen vier und sieben Jahren angesetzt. Eine exakte Jahreszahl wird man wohl aufgrund der individuellen Überprüfung nicht nennen können, wobei als Richtschnur „ein Viertel der Ehedauer" dienen kann.

Unterhaltsbegrenzung

Nach dieser Übergangszeit können alle Unterhaltstatbestände mit Ausnahme des Betreuungsunterhalts begrenzt oder befristet werden. Das Gesetz gibt hier vor, dass eine Befristung oder Begrenzung für den Fall vorzunehmen ist, dass ein unbegrenzter Unterhaltsanspruch unbillig wäre. Die Darlegungs- und Beweislast vor Gericht trägt hier der Verpflichtete. Er muss sich also im Rahmen eines gerichtlichen Verfahrens darauf berufen, dass der von ihm zu zahlende Unterhaltsanspruch reduziert (begrenzt) oder beendet wird (Befristung).

Sollte ein Gericht entscheiden, dass eine Begrenzung des Unterhaltsanspruchs nach einer Übergangszeit als angemessen und billig erachtet wird, stellt sich die Frage nach den ehebedingten Nachteilen des berechtigten Ehegatten. Nur diese müssen vom Pflichtigen nach einer Begrenzung des Unterhalts noch ausgeglichen werden.

Ehebedingte Nachteile

Man wird sich also die Frage stellen, was der Berechtigte vor Aufgabe seiner Arbeitstätigkeit in der Ehe, aus welchen Gründen auch immer, verdient hat und was er heute verdienen würde, wenn er diese Arbeitstätigkeit bis zum Zeitpunkt der Scheidung fortgeführt hätte. Die Differenz zu dem tatsächlich erzielten Einkommen des berechtigten Ehegatten, wenn dieser Vollzeit arbeitet, stellt den ehebedingten Nachteil dar. Nur dieser muss im Rahmen des nachehelichen Unterhalts dann noch ausgeglichen werden.

BEISPIEL

Martin (M) und Fiona (F) lassen sich scheiden. Die gemeinsamen Kinder studieren bereits. F arbeitet wieder ganztags. Sie ist gelernte Rechtsanwaltsfachangestellte, hat aber mit der Geburt des ersten Kindes ihre Arbeitstätigkeit aufgegeben. In ihrem alten Beruf hat sie keine Anstellung mehr finden können. Sie arbeitet nun ganztags in der Boutique einer Freundin und verdient dort netto € 1.200. Ohne die Aufgabe ihrer Arbeitstätigkeit könnte sie in ihrem alten Beruf zwischenzeitlich ein Gehalt in Höhe von € 1.500 netto erzielen.
Bei einer Begrenzung des Unterhalts nach einer Übergangszeit müsste M ihr nur noch den ehebedingten Nachteil in Höhe von € 300 ausgleichen, soweit er finanziell dazu in der Lage ist.

Hat der berechtigte Ehegatte durch die Ehe keine Nachteile erlitten, kann der Unterhaltsanspruch nach einer Übergangszeit (s.o.) beendet werden. Eine Befristung ist aber auch bei Vorliegen von ehebedingten Nachteilen möglich, wenn es der Billigkeit entspricht. Eine solche wird zumeist mit der Entscheidung über die höhenmäßige Begrenzung getroffen und tritt nach einer weiteren Übergangszeit nach der Begrenzung ein.

Ausgleich des entstandenen Zugewinns

Während nach einer Trennung im Trennungsjahr das Augenmerk der Parteien zumeist auf der Regelung des Unterhalts liegt, müssen mit der Scheidung neben dem Unterhalt auch Fragen des Vermögens geklärt werden. Gemeinschaftliches Vermögen ist jeweils hälftig auf die Ehegatten zu verteilen. Daneben ist der Zugewinnausgleich zu berechnen und auszugleichen.

Aufteilung des Vermögens

Mit der Zustellung des Scheidungsantrags endet die Zugewinngemeinschaft, der Zugewinnausgleichsanspruch entsteht. Der Zugewinnausgleich gleicht unterschiedlich erwirtschaftetes Vermögen der Ehegatten in der Ehezeit aus.

Berechnung

Für die Berechnung eines Zugewinnausgleichs ist zuerst einmal zu überprüfen, ob jeder Ehegatte getrennt einen Zugewinn und damit einen Wertzuwachs seines Vermögens während der Ehe erwirtschaftet hat.

Dafür werden die Vermögenswerte der Ehegatten stichtagsgenau am Tag der Hochzeit und am Tag der Zustellung der Scheidung erfasst. Diesen Vorgang muss man sich tatsächlich so vorstellen, dass die Vermögenswerte der Ehegatten an diesem Tag fotografiert werden.

Vermögenswerte

Zu den Vermögenswerten zählen Immobilien, Bankkonten, Depots, der Betrieb eines Ehegatten, Pkw, wertvolle Kunstgegenstände, teurer Schmuck, aber auch Verbindlichkeiten oder Steuerschulden.

Durch den Vergleich der Werte am Tag der Zustellung des Scheidungsantrags und jener am Tag der Hochzeit wird der erwirtschaftete Wertzuwachs und damit ein etwaiger

BEISPIEL

Fiona und Martin lassen sich scheiden. Fiona hat bei der Eheschließung kein Vermögen gehabt. Sie hat aber während der Ehe von ihren Eltern ein Mietshaus mit einem Wert in Höhe von € 1.000.000 geschenkt bekommen. Diese Immobilie ist bei Einleitung der Scheidung € 1.200.000 wert. Martin war zu Beginn der Ehe bereits selbständig, seine Firma war aber noch im Aufbau und hatte betriebswirtschaftlich einen Wert von € 50.000. Während der Ehe hat Martin diese Firma zu großem Erfolg gebracht, die Firma ist bei Einleitung der Scheidung € 500.000 wert. Die Eheleute besitzen darüber hinaus ein schuldenfreies Haus im hälftigen Miteigentum, welches bei Scheidung einen Wert in Höhe von € 300.000 hat, sowie Kapitalvermögen in Höhe von € 100.000.
Bei Martin besteht das Anfangsvermögen zu Beginn der Ehe aus seiner Firma mit einem Wert in Höhe von € 50.000. Sein Endvermögen beläuft sich auf € 700.000 (€ 500.000 Firma + ½ Haus € 150.000 + ½ Kapital € 50.000). Er hat damit während der Ehe einen Zugewinn in Höhe von € 650.000 (€ 700.000 ./. € 50.000) erwirtschaftet.
Fiona hingegen ist ohne Vermögen in die Ehe gegangen, hat dann aber während der Ehe von ihren Eltern eine Immobilie mit einem Wert zum Zeitpunkt der Schenkung in Höhe von € 1.000.000 erhalten, die aufgrund § 1374 Abs. 2 BGB in das Anfangsvermögen aufgenommen wird. Ihr Endvermögen beläuft sich auf € 1.400.000 (€ 1.200.000 Haus + ½ Haus + ½ Kapital). Sie hat damit einen Zugewinn in Höhe von € 400.000 erwirtschaftet.
Damit übersteigt der Zugewinn von Martin jenen von Fiona um € 250.000, so dass er ihr mit der Hälfte dieses Betrags und damit mit € 125.000 noch ausgleichspflichtig ist.

Auf eine notwendige Indexierung, also auf eine Bereinigung des Anfangsvermögens um den Kaufkraftschwund, wurde in diesem Beispiel aus Gründen der Vereinfachung verzichtet.

Zugewinn ermittelt. Sollte ein Ehegatte einen höheren Zugewinn erwirtschaftet haben als der andere, hat er dem anderen einen Zugewinnausgleich zu zahlen.

Eine Ausnahme von diesem Stichtagsprinzip gibt das Gesetz für den Fall vor, dass ein Ehegatte während der Ehe

Vermögen von Todes wegen oder mit Rücksicht auf ein künftiges Erbrecht, durch Schenkung oder als Ausstattung erwirbt. Diese Werte werden zum Anfangsvermögen hinzugerechnet.

Damit gewährleistet man, dass dieser Vermögensgegenstand nicht zu 100 % seines Werts auszugleichen ist. Es wird lediglich der Wertzuwachs des Vermögensgegenstands zwischen Schenkung/Erbe und Zustellung des Scheidungsantrags ermittelt und in die Ausgleichsbilanz aufgenommen.

Versorgungsausgleich

Rentenversicherung

Im Rahmen des Versorgungsausgleichs wird beim Scheidungsverfahren für jeden Ehegatten getrennt die Höhe sämtlicher Anwartschaften aus der gesetzlichen, betrieblichen oder auch privaten Rentenversicherung ermittelt. Dabei geht es um Anwartschaften, die sie zwischen dem Tag der Hochzeit und dem Tag der Zustellung des Scheidungsantrags erworben haben.

Jede einzelne Versorgung wird in sich ausgeglichen, d.h. der ausgleichsberechtigte Ehegatte erhält grundsätzlich eigenständige Anwartschaften bei dem entsprechenden Versorgungsträger. Sollten beide Ehegatten beim gleichen Versorgungsträger Anwartschaften erworben haben, was zumeist im Rahmen der gesetzlichen Rentenversicherung der Fall ist, erfolgt eine Verrechnung – der ausgleichsberechtigte Ehegatte erhält weitere eigene Anwartschaften.

Externe Teilung

Unterschreitet der Ausgleichsbetrag eine vom Gesetz festgelegte Wertgrenze, kann auf Antrag des Versorgungsträgers auch eine externe Teilung vorgenommen werden. In diesen Fällen erhält der Ausgleichsberechtigte keine eigene Anwartschaft bei dem Versorgungsträger. Vielmehr wird der Kapitalbetrag der Anwartschaft berechnet und nach Vorgabe des Berechtigten auf eine Altersvorsorge seiner Wahl einbezahlt.

Bei einer Ehezeit von bis zu drei Jahren wird der Versorgungsausgleich nicht automatisch durch das Gericht durchgeführt. Stattdessen muss ein Ehegatte den Antrag stellen.

KAPITEL 2

Die Grenzen ehevertraglicher Regelungen

Viele der in Kapitel 1 vorgestellten gesetzlichen Regelungen stoßen bei Ehepaaren nicht gerade auf Begeisterung. Irgendwie werden sie als für ihre Familie und ihre Vorstellung des Zusammenlebens als nicht passend empfunden, weil sie beispielsweise das Familienvermögen ihrer eigenen Familie nicht ausreichend schützen oder ihren eigenen Betrieb durch die Ehe in Gefahr bringen könnten. Deshalb setzen sich viele Paare mit dem Gedanken an einen Ehevertrag auseinander. Aber viele möchten auch einfach eine streitige Auseinandersetzung im Rahmen einer Scheidung, vor allem über die finanziellen Folgen – so weit wie möglich – verhindern.

Streit vermeiden

Ein Ehevertrag ist bis heute ein hervorragendes Instrument, um Vermögen zu schützen oder Streitigkeiten bei einer Scheidung zu vermeiden. Manchmal könnte man zwar aufgrund von Presseveröffentlichungen zu der Meinung kommen, dass Eheverträge nicht mehr möglich sind. Aber das ist schlichtweg falsch.

Allerdings haben das Bundesverfassungsgericht und der Bundesgerichtshof für Eheverträge die absolute Gestaltungsfreiheit der Parteien eingeschränkt. Die Ehegatten können heute nicht mehr jedwede Regelung, die ihnen in den Sinn kommt, vereinbaren, sondern sind an einige grundlegende Voraussetzungen gebunden, die durch die Rechtsprechung entwickelt worden sind.

Gerichtliche Inhaltskontrolle

Allgemein

Mit den grundlegenden Entscheidungen des Bundesverfassungsgerichts vom 6.2.2001 (Az. 1 BvR 12/92) und vom 29.3.2001 (Az. 1 BvR 1766/92) sowie den im Anschluss daran ergangenen Entscheidungen des Bundesgerichtshofs vom 11.2.2004 (Az. XII ZR 265/02) sowie vom 6.10.2004 (Az. XII ZB 57/03) wurde eine gerichtliche Inhaltskontrolle von Eheverträgen installiert.

Grundsatzurteile

Selbstverständlich kann ein Ehepaar vor oder während der Ehe einen Ehevertrag abschließen. Im Rahmen einer Scheidung kann ein Richter diesen Vertrag auf Antrag einer – im Normalfall der benachteiligten – Partei jedoch überprüfen und einzelne Teile oder auch den ganzen Vertrag für unwirksam erklären. Möglich ist das allerdings nur, wenn ein Ehegatte diese Überprüfung vor Gericht beantragt, denn wo kein Kläger, da auch kein Richter. Durch die oben genannten Grundsatzurteile besteht jedoch die Gefahr, dass ein Vertrag nicht hält.

Deshalb ist es für Ehegatten, die einen Ehevertrag abschließen wollen, eminent wichtig, sich bei der Ausarbeitung durch einen entsprechend fachkundigen Fachanwalt für Familienrecht beraten zu lassen.

Beratung durch Fachanwalt

Im „worst case“ kann das Gericht im Falle einer Scheidung nach dieser Rechtsprechung nämlich den gesamten Vertrag als nichtig erachten und aufheben. In der Folge werden sämtliche Scheidungsfolgen nach dem Gesetz beurteilt. Dies dürfte für denjenigen, auf dessen Veranlassung der Ehevertrag geschlossen wurde, eventuell zum „Supergau“ werden.

Grundtenor der Entscheidungen des Bundesgerichtshofs, der die recht allgemeinen Vorgaben des Bundesverfassungsgerichts in seinen oben genannten Entscheidungen konkretisiert hat, ist immer, dass grundsätzlich alle gesetzlichen Regelungen für Trennung und Scheidung zur Disposition der Ehegatten stehen. Eigentlich können die Ehegatten alles vereinbaren, was sie wollen. Die Vereinbarungen im Rahmen des Ehevertrags dürfen aber nicht zu einer evident einseitigen und ungerechtfertigten Lastenverteilung führen und den Schutzzweck der gesetzlichen Regelungen durch diese Vereinbarung gänzlich unterlaufen. Die Grenzen der Parteiautonomie und damit die Grenzen der Möglichkeiten für Ehegatten, Vereinbarungen in einem Ehevertrag zu schließen, enden also dort, wo der Schutzzweck einer wesentlichen gesetzlichen Regelung unterlaufen wird.

Keine einseitige Lastenverteilung

Dies ist nach Ansicht des Bundesgerichtshofs vor allem dann der Fall, wenn:

1. eine evident einseitige Lastenverteilung vorliegt;
2. durch die individuelle Gestaltung der ehelichen Lebensverhältnisse das Ergebnis der Vereinbarung als nicht mehr gerechtfertigt angesehen wird;
3. die Hinnahme des Ehevertrags für den belasteten Ehegatten schlichtweg unzumutbar ist.

Die unzumutbare Belastung für einen Ehegatten hat der BGH in seiner weiteren Rechtsprechung an seiner sogenannten Kernbereichslehre dargestellt und konkretisiert:

Kernbereichslehre

Der BGH hat sämtliche gesetzlichen Trennungs- und Scheidungsfolgen in sehr wichtige bis nicht ganz so wichtige Bereiche gegliedert. Zum absoluten Kernbereich zählt nach dem Bundesgerichtshof an erster Rangstelle der Kinderbetreuungsunterhalt nach § 1570 BGB. Der Unterhalt für Alter und Krankheit (§ 1571 BGB sowie § 1572 BGB) sowie der Versorgungsausgleich folgen diesem Unterhalt an zweiter Rangstelle. An dritter Stelle kommt der Unterhalt wegen Erwerbslosigkeit (§ 1573 Abs. 1 BGB), diesem folgen der Aufstockungs- und der Ausbildungsunterhalt. Außerhalb dieser Kernbereiche liegt das Güterrecht.

Ganz grundsätzlich gilt, je weiter außerhalb des absoluten Kernbereichs die Regelung getroffen wird, desto offener ist man im Rahmen der Vereinbarung. Je mehr man in den Kernbereich eingreift, desto überwiegender wird die Belastung sein, mit der Folge, dass die Gefahr einer Aufhebung des Vertrags besteht.

Bestandskontrolle

Die Überprüfung, ob eine evident einseitige Lastenverteilung vorliegt, die einem Ehegatten unzumutbar sein wird, soll nach dem Bundesgerichtshof in zwei Schritten erfolgen:

Vertrag sittenwidrig?

Zuerst einmal erfolgt nach § 138 Abs. 1 BGB die sogenannte Bestandskontrolle. Dabei wird überprüft, ob der Vertrag nach den Umständen des Zustandekommens sittenwidrig war. Bei dieser Bestandskontrolle steht also vor allem die Frage im Vordergrund, ob eine subjektive Ungleichgewichtslage bei Abschluss des Vertrags vorlag.

Umfängliche Beurteilung

Der gesamte Vertrag wird nach den Umständen zum Zeitpunkt seines Abschlusses beurteilt. Dabei gibt es ganz krasse Fälle, wie beispielsweise eine schwangere zukünftige Ehefrau, die nur mit Ehevertrag geheiratet wird und daher auf jegliche Rechte verzichtet. Auch wenn ein Ehepaar völlig überstürzt einen Tag vor der Hochzeit einen sehr einseitig belastenden Ehevertrag abschließen will, kann man diesen Vertrag wohl zumeist unter diese subjektive

Ungleichgewichtslage einordnen. Solche Verträge werden als von Anfang an und gesamt als sittenwidrig angesehen.

Gerade die schwangere Verlobte hat dem BGH in letzter Zeit immer wieder Anlass gegeben, seine Ansichten zu Eheverträgen zum Ausdruck zu bringen.

Verstärkte Inhaltskontrolle

Der BGH weist immer wieder darauf hin, dass die Schwangerschaft alleine noch keine Sittenwidrigkeit eines Ehevertrags begründet, d.h. auch eine Schwangere kann einen Ehevertrag schließen. Allerdings kann die Situation der schwangeren Verlobten eine ungleiche Verhandlungsposition indizieren und damit auch ein Ungleichgewicht beim Vertragsschluss. Ein solcher Vertrag ist daher nach Ansicht des BGH einer verstärkten richterlichen Inhaltskontrolle zu unterziehen. Dies hat der BGH in seiner Entscheidung vom 25.5.2005 (Az. XII ZR 296/01) explizit ausgeführt und verweist immer wieder auf dieses Urteil.

TIPP

In der Praxis bedeutet dies nun, dass man selbstverständlich auch im Zustand der Schwangerschaft einen Ehevertrag schließen kann. Man sollte aber in diesem Fall ganz besonders darauf achten, einen ausgewogenen Vertrag zu erstellen. Sollte es in einigen Bereichen eventuell zu Schwierigkeiten kommen können, stellt sich die berechtigte Frage, ob man nicht die Geburt des Kindes abwarten sollte, um nicht später allein wegen der Schwangerschaft den Vertrag angreifbar zu machen.

Wird ein Ehevertrag im Rahmen der Bestandskontrolle nach § 138 Abs. 1 BGB vom Gericht als sittenwidrig erachtet, so ist dieser Vertrag grundsätzlich insgesamt als nichtig anzusehen. Damit treten die gesetzlichen Regelungen vollständig in Kraft. Die Regelungen des Ehevertrags werden alle nicht mehr berücksichtigt.

Salvatorische Klausel

Um diesen vollständigen Wegfall aller Klauseln bzw. das Zurückfallen auf die gesetzlichen Regelungen zu vermeiden, wird in Eheverträgen immer wieder die sogenannte Salvatorische Klausel aufgenommen. Diese soll helfen, wenigstens die übrigen Regelungen aufrechtzuerhalten, wenn einzelne Regelungen im Vertrag als unwirksam oder nichtig erachtet werden.

Der BGH hat in Zusammenhang mit der Bestandskontrolle und damit der Frage, ob der Ehevertrag von Anfang an als sittenwidrig anzusehen ist, bisher sehr uneinheitlich entschieden, ob Salvatorische Klauseln in diesem Falle Wirkung zeigen können. Schließlich wird der Vertrag gesamt gewürdigt und daher auch gesamt für nichtig erachtet, so dass sich schon die Frage stellt, ob dann noch einzelne Klauseln Bestand haben können.

TIPP

Dennoch empfiehlt es sich, auf jeden Fall eine Salvatorische Klausel in den Ehevertrag aufzunehmen, um überhaupt die Chance zu haben, sich hierauf berufen zu können. Allerdings muss diese Klausel individuell formuliert werden, um ganz explizit auf jene Klauseln hinweisen zu können, die auf jeden Fall Bestand haben sollen.
Eine pauschale Salvatorische Klausel, wie man sie oft in Eheverträgen sieht, hilft an dieser Stelle nicht und kann daher gleich aus dem Vertrag gestrichen werden.

Ausübungskontrolle

Hat ein Ehevertrag die Bestandskontrolle überstanden, dann wird dieser Ehevertrag vom Gericht aber noch in einer zweiten Stufe, der sogenannten Ausübungskontrolle nach § 242 BGB überprüft. Dabei wird die Frage gestellt, ob sich ein Ehegatte auch zum Zeitpunkt der Scheidung noch auf den Ehevertrag berufen kann oder ob zu diesem Zeitpunkt eine evident einseitige Lastenverteilung mit der Folge einer Unzumutbarkeit der ehevertaglichen Regelungen für den belasteten Ehegatten vorliegt.

Regelungen noch gerechtfertigt?

Es wird also überprüft, ob die ursprünglich vorgenommene Regelung nach den aktuellen Lebensverhältnissen der Ehegatten noch als gerechtfertigt anzusehen ist. Es stellt sich vor allem immer die Frage, ob sich die ursprünglichen Pläne der Ehegatten verwirklicht haben und damit eventuell der Vertrag nach heutigem Stande noch wirksam ist oder ob sich die Pläne geändert haben und damit der Vertrag eher als unwirksam bzw. einzelne Regelungen als unwirksam anzusehen sind.

So könnte es z.B. Schwierigkeiten geben bei Ehegatten, die zum Zeitpunkt der Heirat und damit des Vertragsschlusses davon ausgegangen sind, dass beide immer arbeiten werden, und unter dieser Prämisse Unterhaltsleistungen und vielleicht auch den Versorgungsausgleich ausgeschlossen haben.

Im Zeitpunkt des Vertragsabschlusses war dies gerechtfertigt, da sich jeder alleine versorgen konnte und jeder die Möglichkeit hatte, eine eigene Altersvorsorge aufzubauen.

Während der Ehe sind dann allerdings doch Kinder gekommen und einer der Ehegatten hat aufgehört zu arbeiten. Der Ehevertrag wurde niemals geändert.

Wenn diese Ehe geschieden wird, stünde ein Ehegatte ohne Unterhaltsansprüche und ohne Altersvorsorge vor dem finanziellen Nichts. Eine solche Situation wird nach dem jetzigen Stand (= Stand Scheidung) und den jetzigen Lebensverhältnissen nicht mehr als gerechtfertigt angesehen. Es würde also eine evident einseitige Lastenverteilung vorliegen, die sicherlich auch für den belasteten Ehegatten als unzumutbar angesehen wird. Bei einem entsprechenden Antrag des belasteten Ehegatten vor Gericht, würde das Gericht den Unterhaltsverzicht und den Verzicht auf den Versorgungsausgleich wohl für unwirksam erachten.

Präambel

Bei der Beurteilung des Ehevertrags im Rahmen der Ausübungskontrolle spielt die Situation zu Beginn der Ehe und die damalige Vorstellung der Ehegatten über ihre Ehe eine wichtige Rolle. Leider zeigt die Erfahrung, dass es im Streit um die Scheidung oft sehr schwierig ist, die ursprüngliche Ausgangssituation tatsächlich nachzuweisen. Es wird daher jedem Ehepaar empfohlen, die Gedanken, die sie sich zu dem Ehevertrag gemacht haben, im Rahmen der Präambel, also einem vorgeschalteten Text vor dem Ehevertrag, aufzunehmen. Damit sind diese Gedanken und Vorstellungen auf Papier festgehalten und später ohne Weiteres nachweisbar.

Eine solche Präambel sollte beispielsweise enthalten, wie lange über den Vertrag verhandelt wurde, dass alle Parteien ausführlich Zeit hatten, den Vertrag zu lesen und dass anwaltliche Beratung in Anspruch genommen wurde. Vor allem jedoch sollte der Text die Lebensverhältnisse zum Zeitpunkt des Vertragsabschlusses und die Vorstellungen der Parteien, wie sich ihre Ehe entwickeln wird, darstellen.

Gerichtliche Vertragsprüfung

Im Rahmen der Ausübungskontrolle werden zuerst die einzelnen Regelungen anhand der Kernbereichslehre des Bundesgerichtshofs für sich allein stehend überprüft. Werden die einzelnen Regelungen an sich für wirksam erachtet, erfolgt im Anschluss eine Gesamtschau, ob nicht das Zusammenspiel sämtlicher Regelungen eine evident einseitige Lastenverteilung hervorruft. Das kann zur Folge haben, dass der Vertrag dann als nicht wirksam angesehen wird.

Da in diesem zweiten Überprüfungsschritt einzelne Vereinbarungen für unwirksam erklärt werden können, wird hier die Salvatorische Klausel seitens des BGH grundsätzlich akzeptiert. Aber auch hier sollte eine Klausel auf den individuellen Fall zugeschnitten werden.

Ersatzbestimmungen

Sollte man bei einzelnen Regelungen des Ehevertrags vielleicht schon ein wenig Angst haben, ob diese halten, wird empfohlen, die Salvatorische Klausel gleich um entsprechende Ersatzbestimmungen zu ergänzen.

Wenn eine einzelne Regelung aus dem Vertrag nicht anerkannt wird, hat dies nicht zur Folge, dass man auf das Gesetz zurückgeworfen wird. Vielmehr haben die Gerichte entschieden, dass das entscheidende erstinstanzliche Gericht eine Regelung aufzunehmen hat, die den Belangen der Ehegatten in ausgewogener Weise Rechnung trägt, nicht aber unbedingt der gesetzlichen Regelung entsprechen muss.

Individuelle Änderungsmöglichkeiten

Im Endeffekt muss man ganz klar sagen, dass die Möglichkeiten, in einem Ehevertrag Regelungen abzubedingen bzw. abzuändern, sicherlich erschwert wurden. In vielen Bereichen ist allerdings bis heute noch nicht geklärt, ob und inwieweit einzelne Regelungen als zulässig erachtet werden.

Aus der Tendenz der Rechtsprechung kann man aber wohl erkennen, dass sinnvolle Eheverträge, die von beiden Parteien schlüssig erarbeitet wurden, eine Inhaltskontrolle durch die Gerichte durchaus überstehen.

Ausgleichsmechanismen

Wichtig ist, dass man sich in gewissen Bereichen über Ausgleichsmechanismen Gedanken macht und diese in den Vertrag aufnimmt. Ehegatten sollten nicht vergessen, dass man mit der Ehe nicht nur Rechte erwirbt, sondern auch Pflichten eingeht, von denen man sich schlussendlich nicht vollständig lossagen kann.

Regelmäßige Überprüfung

Eheverträge konnten und können keine Verträge sein, die auf Dauer in der Schublade oder im Aktenordner verstauben. Jeder Ehevertrag muss heutzutage in regelmäßigen Abständen daraufhin überprüft werden, ob die enthaltenen Regelungen überhaupt noch den vorhandenen ehelichen Lebensverhältnissen angemessen sind. Sollten sich die ehelichen Lebensverhältnisse im Vergleich zu den Vorstellungen bei Abschluss des Ehevertrags geändert haben, muss auch der Ehevertrag angepasst werden.

Anpassung

Abänderungsmöglichkeiten

Die Vorstellungen der Ehegatten, in welchen Bereichen und in welchem Umfang von den gesetzlichen Regelungen abgewichen werden soll, sind sehr vielfältig und zumeist ganz individuell. Aus diesem Grunde kann in diesem Buch sicherlich nicht auf alle Vorstellungen und Möglichkeiten eingegangen werden.

Im Folgenden sollen die Möglichkeiten zur Abänderung der Regelungen zu Kindesunterhalt, Ehegattenunterhalt, Vermögen sowie Versorgungsausgleich kurz erläutert werden. Welche konkreten Möglichkeiten bei den jeweiligen Ehevertragstypen im Einzelnen bestehen, erfahren Sie dann in Kapitel 3.

Kindesunterhalt

Nach § 1614 Abs. 1 BGB kann auf Kindesunterhalt für die Zukunft nicht verzichtet werden. Eine entsprechende Vereinbarung in einem Ehevertrag würde auf jeden Fall aufgehoben werden.

Auch eine Freistellung von Kindesunterhaltsverpflichtungen muss durchaus gut überlegt werden.

Der BGH hat eine solche Freistellung beispielsweise wieder aufgehoben, weil sie im Gegenzug zu einem Verzicht auf das Umgangsrecht erfolgte. Insoweit hat der BGH entschieden, dass eine Kommerzialisierung des Kindesunterhalts nicht möglich ist.

Wohl des Kindes

Das Wohl des Kindes steht bei den richterlichen Entscheidungen im Mittelpunkt. Eine Freistellung von Kindesunterhaltsverpflichtungen wird von den Gerichten grundsätzlich nur dann geduldet, wenn der betreuende Elternteil es sich im Endeffekt leisten kann, auf Kindesunterhalt zu verzichten. Die Freistellung darf auf keinen Fall zu Lasten des Kindes gehen, da das Kind aufgrund dieser Freistellung in beengten finanziellen Verhältnissen leben müsste, mit dem Kindesunterhalt aber durchaus ein kindgerechtes Leben führen könnte. Auf diesen Gesichtspunkt legen die Gerichte sehr großen Wert, so dass in diesem Bereich Abänderungen als durchaus sehr schwierig und kritisch anzusehen sind.

Ehegattenunterhalt

Trennungsunterhalt

Freistellung möglich

Auf den Trennungsunterhalt kann – ebenso wie auf den Kindesunterhalt – nicht verzichtet werden. Eine Freistellung ist, gemessen an den finanziellen Verhältnissen des Ehegatten, hingegen möglich.

Dabei kann der gesetzliche Trennungsunterhalt konkretisiert oder modifiziert werden. So ist denkbar, einzelne Einkunftsarten aus der Berechnung des Unterhalts herauszunehmen, wenn gewährleistet ist, dass der berechtigte Ehegatte aus den übrigen Einkunftsarten einen gerechtfertigten Unterhaltsanspruch erhält. Man kann sich aber auch darauf verständigen, dass Abzugspositionen nicht oder in verändertem Umfang berücksichtigt werden.

Natürlich ist es möglich, eine Freistellung vom Trennungsunterhalt in den Vertrag aufzunehmen. Aber diese Freistellung ist unter dem Gesichtspunkt zu überprüfen, ob mit dem Wort Freistellung das Verbot eines Verzichts umgangen worden ist oder ob die Ehegatten sich aus berechtigten Gründen dazu entschieden haben, gegenseitig keinen Trennungsunterhalt geltend zu machen.

Berechtigte Gründe?

Nachehelicher Unterhalt

Betreuungsunterhalt nach § 1570 BGB

Der Kinderbetreuungsunterhalt nach § 1570 BGB gehört nach der Rechtsprechung des Bundesgerichtshofs zum absoluten Kernbereich und steht an erster Rangstelle. Weitgreifende Einschränkungen in diesen Unterhaltstatbestand werden von der Rechtsprechung grundsätzlich nicht toleriert, so dass im Normalfall immer davon abzuraten ist, auf Kinderbetreuungsunterhalt zu verzichten, da ein solcher Verzicht im Zweifelsfalle nicht hält.

Kinderbetreuungsunterhalt an 1. Stelle

Ebenso werden Regelungen, die den betreuenden Elternteil zu einer Arbeitstätigkeit zwingen, bevor das jüngste Kind das dritte Lebensjahr vollendet hat, nach der derzeit gängigen Rechtsprechung zumeist als nicht wirksam erachtet.

Deshalb wird empfohlen, bis zu diesem Alter der Kinder keine Veränderung vom gesetzlichen Tatbestand vorzunehmen. Bei der Erstellung eines Ehevertrags sollten Ehegatten auf jeden Fall darüber sprechen, wie sie im Fall der Scheidung vorgehen wollen, wenn das jüngste Kind noch unter 3 Jahren ist. Gesetzlich wäre die betreuende Ehefrau nicht verpflichtet, in dieser Zeit wieder arbeiten zu gehen. Doch wenn sie es tut, stellt sich die Frage, ob sie sich ihren Verdienst im Unterhalt anrechnen lassen muss. In der Rechtsprechung ist diese Frage bisher noch nicht einheitlich geklärt. Um dieses Konfliktpotenzial zu entschärfen, kann eine Regelung in den Ehevertrag aufgenommen werden, ob nun eine Anrechnung erfolgen soll oder nicht. Wird das Gehalt bei der Unterhaltsberechnung nicht berücksichtigt, heißt das in Zahlen, dass der betreuende Elternteil den vollen Unterhalt zuzüglich seines eigenen Gehalts zur Verfügung hat. Wenn er sich das Gehalt anrechnen lassen müsste, würde sich sein Unterhaltsanspruch reduzieren.

Verdienst anrechenbar?

Ab dem vierten Lebensjahr geht das Gesetz davon aus, dass die betreuenden Elternteile wieder einer Arbeitstätigkeit nachgehen, die an die Belange des Kindes und die Betreuungsmöglichkeiten vor Ort anzupassen ist.

Derzeit ist es für die Praxis sehr schwierig, hier eine straff gezogene Unterhaltsvereinbarung ab dem vierten Lebensjahr zu formulieren. Die Rechtsprechung des Bundesgerichtshofs hat bereits einige Male darauf verwiesen, dass es ein Altersphasenmodell und damit festgehaltene Altersgrenzen für bestimmte Tätigkeitsnotwendigkeiten nicht mehr gibt und dies zukünftig auch nicht mehr eingeführt werden sollen. Es liegt also im Einzelfall an einem Richter, der die individuellen Verhältnisse zu überprüfen hat, um dann festzustellen, ob ein betreuender Elternteil unter den gegebenen Umständen eine bestimmte Arbeits-

Individuelle Verhältnisse

tätigkeit in einem bestimmten Umfang aufzunehmen hat.

Die Schwierigkeit für die Vertragsgestaltung liegt darin, bei der Unterhaltsfestsetzung mit dem Betrag nicht unter die potenzielle Feststellung eines Richters zu rutschen. Literatur und Rechtsprechung sind sich nämlich in diesem Punkt einig: Die Vereinbarung eines geringeren Unterhaltsbetrags, als Gesetz und Rechtsprechung dem betreuenden Ehegatten im Streitfalle zubilligen würden, ist im Rahmen eines Ehevertrags nicht wirksam. Es ist also sehr schwierig, hier eine strikte aber wirksame Regelung zu treffen, denn niemand kann voraussehen, wie sich die Rechtsprechung in der nächsten Zukunft entwickelt und welchen Stand sie zu dem Zeitpunkt hat, an dem der Ehevertrag aufgrund einer Scheidung aus der Schublade geholt wird.

Nicht zu niedrig ansetzen!

Sollte eine sehr strikte Regelung gewünscht werden, muss auf jeden Fall eine ausführliche Begründung für den Wunsch beider Ehegatten eingefügt werden. In diese Begründung sollte bereits aufgenommen werden, dass vor Ort entsprechende Betreuungsmöglichkeiten vorhanden sind, zu denen man auch eine realistische Chance hat, Zugang zu bekommen. Es würde hier sicherlich keinen Sinn machen, auf eine Betreuungseinrichtung zu verweisen, die über Wartelisten beispielsweise von zwei Jahren verfügt.

Begründung

Die Praxis hat seit der Reformierung des Unterhaltsrechts ohnehin gezeigt, dass Eheverträge im Bereich des Betreuungsunterhalts vor allem dann geschlossen werden, wenn sich die Ehegatten darüber einig sind, dass das gesetzliche Modell einer Betreuungsverpflichtung der Kinder in einer öffentlichen Einrichtung ihren Wünschen und Zielvorstellungen für die Erziehung ihrer Kinder nicht entspricht.

In vielen Ehen besteht auch heute noch der Wunsch, dass sich der betreuende Elternteil zumindest nachmittags nach

Betreuung am Nachmittag

Ende von Kindergarten und Schule zu Hause um die Kinder kümmert. Das brächte die Möglichkeit, die Kinder vor allem später einmal bei den Hausaufgaben im Rahmen der weiterführenden Schulen zu betreuen.

Das Gesetz sieht solche Regelungen allerdings nicht mehr als gesetzliches Leitbild an. Es würde sicherlich spätestens beim Besuch einer weiterführenden Schule durch die Kinder einen Tätigkeitsumfang verlangen, der wohl eine Betreuung zu Hause am Nachmittag nicht mehr gewährleisten würde.

Ausweitung des Unterhalts

Für diese Fälle gilt es also, vorab eine Ausweitung des gesetzlichen Kinderbetreuungsunterhalts im Ehevertrag zu vereinbaren. Diese Vereinbarung sollte durchaus auch heute schon im Rahmen eines Ehevertrags vollzogen werden. Die Praxis zeigt leider zu oft, dass bei einer Scheidung mit vielen gekränkten Eitelkeiten das Wohl der Kinder hintanstehen muss. Dann geht es für den Mann vielmehr etwa darum, dass die Ehefrau nicht „faul auf der Couch liegt“, sondern arbeitet, um die eigenen finanziellen Belastungen möglichst niedrig zu halten. Dass damit einhergeht, dass Kinder in eine öffentliche Betreuungseinrichtung gehen oder sich nachmittags alleine beschäftigen müssen, wird dann nicht mehr als negativ angesehen, auch wenn man dies vorher in der intakten Ehe jahrelang so propagiert hat. Um solche Streitigkeiten zum Wohle der Kinder zu vermeiden, sollte also schon eine Regelung zum Betreuungsunterhalt in den Ehevertrag aufgenommen werden.

Eine Ausweitung des Kinderbetreuungsunterhaltsanspruchs ist individuell gestaltbar. Insbesondere wird hier keine Inhaltskontrolle stattfinden, da man hier keine Ansprüche einschränkt.

Diese individuelle Ausgestaltung erfolgt oftmals durch Installieren eines eigenen Altersphasenmodells. Die Parteien einigen sich hier oft auf Altersgrenzen, zu welchen eine Arbeitstätigkeit aufgenommen und gegebenenfalls ausgeweitet werden soll.

Möglich ist aber beispielsweise auch, festzuhalten, dass bis zur Beendigung der Schulausbildung der betreuende Elternteil nachmittags auf jeden Fall zu Hause ist und damit maximal eine Halbtagestätigkeit aufnehmen kann.

Anrechnung von Einkünften

Weiterhin sollte in diesem Zusammenhang eine Bestimmung über die Anrechnung von Einkünften aufgenommen werden, und zwar von Einkünften des betreuenden Ehegatten, der mehr arbeitet, als laut Ehevertrag von ihm verlangt wird. Es sollte also vereinbart werden, ob dieser Mehrverdienst auf den Unterhalt angerechnet wird oder nicht. Hier kann man seine Wünsche ganz individuell festlegen.

Eine Einschränkung des Unterhaltsanspruchs der Höhe nach wird grundsätzlich nicht empfohlen, da der Kinderbetreuungsunterhaltsanspruch wesentlich dazu dient, dem Wohl des Kindes gerecht zu werden. Denn dem Kind geht es dann gut, wenn es dem Elternteil gut geht. Und dem Elternteil geht es dann gut, wenn er in ausreichend abgesicherten finanziellen Verhältnissen leben kann.

Reduzierung des Unterhalts

Sollte die Familie insgesamt in sehr guten finanziellen Verhältnissen gelebt haben, kann man selbstverständlich auch einmal eine Reduzierung der Höhe des Unterhaltsanspruchs vereinbaren. Da die finanzielle Situation tatsächlich aber oftmals erst zum Zeitpunkt der Scheidung absehbar ist, wird zu solchen Regelungen zur Reduzierung der Höhe bei Abschluss eines Ehevertrags zu Beginn der Ehe nicht geraten. Eine solche Regelung kann aber im Rahmen einer Trennungs- und Scheidungsfolgenvereinbarung, also einem Ehevertrag am Ende der Ehe, durchaus eine berechtigte und sinnvolle Lösung darstellen. Dann kann man die finanziellen Verhältnisse der Ehegatten darstellen und somit belegen, dass sowohl betreuender Elternteil wie auch Kinder selbst bei reduziertem Unterhalt in ausreichend abgesicherten finanziellen Verhältnissen leben.

Unterhaltsanspruch nach Wegfall der Kinderbetreuung

Wenn der Kinderbetreuungsunterhaltsanspruch wegfällt, also die Kinder aufgrund ihres Alters eine Betreuung nicht mehr benötigen, und der Ehegatte daher grundsätzlich einer Ganztagestätigkeit nachgehen muss, wird er zumeist trotzdem weiterhin unterhaltsberechtigt sein. Meistens schließt sich an den Kinderbetreuungsunterhaltsanspruch der sogenannte Aufstockungsunterhaltsanspruch an. Der betreuende Ehegatte wird im Normalfall nicht die sogenannten ehelichen Lebensverhältnisse mit seinem Gehalt erreichen, so dass der andere Ehegatte hier noch aufstocken, also Unterhalt zahlen muss.

Aufstockungs-unterhalts-anspruch

Wenn sich ein solcher weiterer Unterhaltsanspruch an einen Kindesbetreuungsunterhaltsanspruch anschließt, wird ebenfalls ausdrücklich von einem Ausschluss und damit einem Verzicht auf diese Unterhaltsansprüche abgeraten. In seinen bisherigen Entscheidungen hat der Bundesgerichtshof einen solchen Ausschluss grundsätzlich beanstandet.

Nacheheliche Solidarität

Nach Ansicht des Bundesgerichtshofs muss die Pflege und Betreuung der Kinder durch einen Elternteil honoriert werden. So gebietet die nacheheliche Solidarität, dass der betreuende Elternteil durchaus die Möglichkeit haben muss, im Erwerbsleben wieder Fuß zu fassen, und nicht aufgrund eines Ausschlusses des Unterhaltsanspruchs ins kalte Wasser geworfen wird.

Natürlich kommt es in dieser Frage auf die individuellen Verhältnisse an, vor allem darauf, ob und inwieweit der betreuende Elternteil auch während der Betreuung im Erwerbsleben bereits wieder Fuß gefasst hat.

Bisher wurde beispielsweise von der Rechtsprechung gebilligt, die Anschlussunterhaltsansprüche der Höhe nach zumindest auf die ehebedingten Nachteile zu reduzieren. Das bedeutet, dass der betreuende Elternteil dann nur noch die Nachteile ausgeglichen bekommt, die er durch die Aufgabe seiner Erwerbstätigkeit im Erwerbsleben erfahren hat.

Ehebedingte Nachteile

Weitere Unterhaltstatbestände

Ein wenig anders sieht die Sachlage aus, wenn während der Ehe keine Kinder zu betreuen sind oder waren. Dann können weitere Unterhaltstatbestände, wie Krankheits- und Altersunterhalt sowie Unterhalt wegen Erwerbslosigkeit und Aufstockung, sofort nach der Scheidung entstehen.

In diesen Fällen ist zuerst einmal auf die Kernbereichslehre des Bundesgerichtshofs zurückzugreifen, in die dieser die Rangfolge der Unterhaltsansprüche aufgenommen hat. Der Bundesgerichtshof legt darin fest, dass umso weniger einschränkende Regelungen möglich sind, je wichtiger die Unterhaltsansprüche sind.

Kernbereichslehre

Krankheitsunterhalt: Der Krankheitsunterhalt nach § 1572 BGB wurde auf die zweite Rangstufe gesetzt. Regelungen in Bezug auf diesen Krankheitsunterhalt sind daher nur in sehr eingeschränktem Umfang möglich.

Zweite Rangstufe

Der BGH hat einen Verzicht auf Krankheitsunterhalt einmal in einem Fall gebilligt, in dem der eine Ehegatte bei Vertragsabschluss bereits krank war und sich während der Vertragslaufzeit keine außergewöhnliche Veränderung an seinem Krankheitsbild ergeben hat. Hier wurde der Verzicht ausnahmsweise als wirksam erachtet. Wurde aber im

Rahmen eines Ehevertrags auf den Krankheitsunterhalt verzichtet und hat sich dann während der Ehe eine Krankheit eingestellt oder außergewöhnlich verschlimmert, ist davon auszugehen, dass die Verzichte aufgehoben werden.

Derzeit tendiert die Rechtsprechung allerdings dazu, in Bezug auf den Krankheitsunterhalt zumindest eine Begrenzung oder Befristung anzuerkennen. Die Gerichte argumentieren hier immer wieder damit, dass persönliche Schicksale und damit eben auch Krankheiten grundsätzlich nichts mit den ehelichen Lebensverhältnissen und mit der Ehe zu tun haben. Ganz böse gesagt, der Ehegatte wäre auch ohne die Ehe krank geworden. Die Gerichte schließen aus diesem Umstand, dass die Krankheit keine Rechtfertigung dafür liefert, einen lebenslangen Unterhaltsanspruch zu erhalten.

Kein lebenslanger Anspruch

Eine ganz typische weitere Grenze im Rahmen des Krankheitsunterhalts ist die Rechtsprechung, nach der keine Vereinbarungen zu Lasten des Sozialhilfeträgers aufgenommen werden dürfen. Wenn also ein kranker Ehegatte durch eine entsprechende Unterhaltsvereinbarung zum Sozialhilfeempfänger wird, haben die Sozialhilfeträger die Möglichkeit, solche Unterhaltsvereinbarungen anzufechten und somit von dem dann geschiedenen Ehegatten für den kranken Ehegatten doch wieder Unterhalt zu verlangen.

Altersunterhalt: Auch der Altersunterhalt nach § 1571 BGB wurde vom BGH auf die zweite Rangstufe gestellt. Ein Verzicht auf diesen Unterhaltsanspruch wird im Normalfall also nicht halten.

Verzicht meist nicht gültig

Lediglich in einer Ehe, in der beide Ehegatten immer gearbeitet und daher ausreichend für sich vorgesorgt haben, könnte man einen solchen Verzicht einmal für gültig erachten.

Aber wenn einer der Ehegatten seine Tätigkeit während der Ehe für längere Zeit aufgegeben hat und die Scheidung dann in fortgeschrittenem Alter erfolgt, dürfte dieser Verzicht schon wieder auf sehr wackeligen Füßen stehen.

Aufstockungsunterhalt: Für Vereinbarungen im Zusammenhang mit den weiteren Unterhaltstatbeständen und damit vor allem in Bezug auf den Aufstockungsunterhalt sind die Parteien relativ frei, solange ein Ehegatte nicht evident benachteiligt wird.

Freie Regelung möglich

Man darf bei der Gestaltung einer Vereinbarung bezüglich des Aufstockungsunterhalts aber nicht aus den Augen verlieren, dass die Rechtsprechung nicht nur die Vereinbarungen zu den einzelnen Punkten auf ihre Wirksamkeit überprüft. Vielmehr wird, wie oben ausgeführt, nach erfolgter Einzelprüfung der gesamte Vertrag in seiner Gesamtschau noch einmal überprüft. Wenn dann mehrere, im Einzelnen betrachtet wirksame Punkte zusammen eine evident ungleichgewichtige Lastenverteilung zur Folge haben, kann es auch geschehen, dass im Einzelnen wirksame Vereinbarungen insgesamt aufgehoben werden. Aus diesem Grunde sollte man bei Vereinbarungen, in denen man grundsätzlich frei ist, das Gesamtwerk nicht aus den Augen verlieren.

Kontext des Gesamtwerks

Versorgungsausgleich

Auch dem Versorgungsausgleich wurde durch den Bundesgerichtshof eine sehr hohe Rangstelle eingeräumt, so dass ein vollständiger Verzicht darauf zu einer Beanstandung führen kann.

§ 6 des Versorgungsausgleichsgesetzes (VersAusglG) lässt zwar ausdrücklich vertragliche Vereinbarungen zu. Diese Vereinbarungen müssen sich aber alle am Rahmen der

Inhaltskontrolle der vom Bundesgerichtshof entwickelten Grundsätze messen lassen, was in § 8 VersAusglG noch einmal klargestellt wird.

Kompensation

Sollte im Bereich des Versorgungsausgleichs also eine Regelung getroffen werden, so ist anzuraten, eine Kompensation für ausgeschlossene Anwartschaften aufzunehmen. Einzelne Anwartschaften können sehr wohl ausgeschlossen werden, solange der andere Ehegatte in der Gesamtschau des Versorgungsausgleichs nicht benachteiligt wird.

Beispiel

Der BGH hat in einem Fall einen vollständigen Verzicht auf den Versorgungsausgleich für unwirksam erklärt. Zugrunde gelegen war der Fall, dass Ehemann und Ehefrau zu Beginn ihrer Ehe einen Ehevertrag geschlossen hatten und davon ausgegangen waren, dass beide während der Ehezeit immer erwerbstätig sein werden. Aus diesem Grund hatten sie auf den Versorgungsausgleich verzichtet. Jeder Ehegatte hatte aus der damaligen Sicht die Möglichkeit, seine Altersvorsorge selbst aufzubauen.

Doch während der Ehe wurden Kinder geboren. Die Ehefrau hatte ihre Arbeitstätigkeit aufgegeben und daher Einbußen bei ihrer Altersvorsorge erlitten.

Der BGH erklärte den vollständigen Verzicht im Rahmen der Ausübungskontrolle nach der Sicht zum Zeitpunkt der Scheidung für unwirksam. Allerdings ist der BGH dann aber nicht auf die gesetzliche Vorschrift zurückgegangen. Er hat keinen vollständigen Versorgungsausgleich zwischen den Ehegatten durchgeführt. Vielmehr glich er nur die ehebedingten Nachteile der Ehefrau aus. Die Ehefrau wurde im Rahmen ihrer Anwartschaften also so gestellt, als hätte sie während der gesamten Ehe gearbeitet und eigene Anwartschaften aufgebaut.

Hieraus lässt sich also schließen, dass ein vollständiger Verzicht nicht möglich ist, wenn ein Ehegatte durch die Ehe Nachteile in seiner Versorgung erlitten hat. Sehr wohl kann man aber vereinbaren, dass derjenige Ehegatte, der seine Arbeitstätigkeit ganz oder teilweise aufgibt, dadurch abgesichert wird, dass seine eigenen Anwartschaften weiter aufgebaut werden, er aber darüber hinaus nicht an den Anwartschaften und damit der Absicherung des anderen Ehegatten teilhaben muss.

Regelung zur Absicherung

Regelungen zum Güterstand

Bisher wurde in diesem Buch nur der gesetzliche Güterstand der Zugewinngemeinschaft besprochen. In diesem Güterstand lebt man, wenn man ohne Ehevertrag verheiratet ist.

Gütertrennung

Durch einen Ehevertrag können auch die Güterstände der Gütergemeinschaft und der Gütertrennung vereinbart werden. In diesem Buch wird allerdings nur die Gütertrennung weiter beleuchtet werden, da die Gütergemeinschaft nur noch in ganz seltenen Fällen vereinbart wird, heute eigentlich praktisch nicht mehr vorkommt.

Während der Ehezeit entsprechen die Regelungen der Gütertrennung in weiten Teilen denen der Zugewinngemeinschaft. Auch hier verbleiben die Vermögenswerte bei dem jeweiligen Ehegatten, jeder verwaltet sein Vermögen selbst. Der einzige, aber wesentliche Unterschied zur Zugewinngemeinschaft liegt während der bestehenden Ehe darin, dass jeder Ehegatte über sein Vermögen alleine entscheiden und darüber verfügen kann, auch wenn er über sein Vermögen im Ganzen bestimmt. Hierfür brauchen Ehegatten, die im

Vermögen bleibt getrennt

Güterstand der Zugewinngemeinschaft leben, wie oben ausgeführt, die Zustimmung des anderen Ehegatten.

Der ganz wesentliche Unterschied zwischen den beiden Güterständen ergibt sich erst im Rahmen der Beendigung des Güterstands und damit im Normalfall bei der Scheidung. Während im Bereich der Zugewinngemeinschaft ein Ausgleich stattfindet, geht bei der Gütertrennung jeder Ehegatte mit seinem Vermögen „nach Hause“. Es wird also kein Wertausgleich aus einer etwaigen Wertsteigerung mehr bezahlt.

Kein Wertausgleich

Vertragliche Vereinbarung der Gütertrennung

Der Güterstand steht nach der Rechtsprechung des Bundesgerichtshofs außerhalb des Kernbereichs, so dass hier grundsätzlich volle Vertragsfreiheit besteht. Insbesondere ist der Güterstand der Gütertrennung im Gesetz geregelt und damit schon als mögliche Alternative zur gesetzlichen Zugewinngemeinschaft installiert.

Volle Vertragsfreiheit

Allerdings sollten auch bei der Vereinbarung der Gütertrennung einige Punkte beachtet werden. So sollten beide Ehegatten ausreichend über die Folgen der Gütertrennung aufgeklärt sein. Beide Ehegatten müssen wissen, auf was sie sich da einlassen.

Wichtige Punkte

So wurden Gütertrennungen beispielsweise aufgehoben, weil ein Ehegatte mit dem Ehevertrag und der Vereinbarung der Gütertrennung zwei Tage vor der Hochzeit vollkommen überrumpelt worden ist.

In einem anderen Fall wurde die Ehefrau zur Vereinbarung der Gütertrennung mit dem Argument veranlasst, die Gütertrennung schütze sie vor einer Haftung für die Schulden des Ehemannes. Das ist allerdings nicht richtig. Auch im

Rahmen der Zugewinngemeinschaft besteht keine Haftungsübernahme durch den einen Ehegatten für die Schulden des anderen Ehegatten.

Außerdem muss natürlich immer bedacht werden, dass ein Ehevertrag im Wege der Gesamtschau für unwirksam erachtet werden kann, obwohl die einzelnen Regelungen an sich wirksam sind. Über diesen Weg kann auch die Vereinbarung einer Gütertrennung aufgehoben werden.

Gesamtschau

Modifizierte Zugewinngemeinschaft

Oftmals stellt sich im Rahmen der Beratung aber die Frage, ob die Vereinbarung der Gütertrennung schlussendlich tatsächlich dem Wunsch des Mandanten entspricht. Viele Mandanten kommen mit dem Begriff Gütertrennung, möchten aber oftmals nur einzelne Vermögensgegenstände gesichert haben. In vielen Fällen wird die sogenannte modifizierte Zugewinngemeinschaft von beiden Parteien als die bessere und gerechtere Lösung für ihre Situation empfunden.

Die Rechtsprechung hält es für möglich, dass die Zugewinngemeinschaft modifiziert und damit abgeändert werden kann.

Die wohl am häufigsten vorgenommene Abänderung der Zugewinngemeinschaft besteht in der Herausnahme bestimmter Vermögenswerte. So wird oft das geerbte und geschenkt erhaltene Vermögen oder auch der Betrieb eines Ehegatten aus der Zugewinngemeinschaft herausgenommen.

Herausnahme von Vermögenswerten

Beim Familienimmobilienvermögen verlangen dies oft die Eltern, die Vermögen schon an die nächste Generation weitergeben. Dabei handelt es sich zumeist um Vermögen, das die Familie bereits in zweiter oder dritter Generation aufgebaut oder erhalten hat. Ohne eine ehevertragliche Regelung bestünde die Gefahr, dass aus der Wertsteigerung der Immobilie bei einer Scheidung ein Zugewinnausgleich an den anderen Ehegatten zu zahlen ist. Der Wert von Immobilien liegt aber nicht auf dem Bankkonto, von welchem man den Ausgleichsanspruch in bar abheben und an den berechtigten Ehegatten auszahlen kann. Der Wert befindet sich in der Substanz der Immobilie, von welcher man sich keine Scheibe abschneiden kann. Oft muss für den Ausgleich des Anspruchs ein Kredit aufgenommen werden, im schlimmsten Fall wird die Immobilie verkauft, was sicherlich nicht im Interesse des Ehegatten oder seiner Familie ist.

Immobilien

Bei einem Betrieb gebieten oftmals Gesellschaftsverträge den Abschluss eines Ehevertrags oder auch einfach der Wunsch des Ehegatten, durch eine Scheidung und einen etwaigen Wertausgleich mit seinem Betrieb nicht in Liquiditätsprobleme zu kommen. Der Betrieb wird für die Berechnung des Zugewinnausgleichs bewertet. Dabei finden nicht nur die tatsächlich vorhandenen Sachwerte, wie die Immobilie, das Bankkonto oder die Einrichtung Eingang in die Bewertung. Ein Großteil der Bewertung wird auch über den sogenannten immateriellen Wert erfolgen, also Umsatzerwartung oder vorhandener Kundenstamm. Diese Werte finden sich aber zumeist nicht in bar auf einem Bankkonto. Der Unternehmerehegatte muss Geld aufnehmen, um den Ausgleich aus diesen Werten überhaupt leisten zu können. Gerade diese Geldaufnahme ist aber in den Betrieben nicht eingeplant und hat schon manches Unternehmen finanziell überfordert.

Betrieb

Für alle Werte, die im Zugewinnausgleich angesetzt werden sollen, gilt, dass sie mit dem Verkehrswert in die Berechnung einzustellen sind. Der Verkehrswert wird oftmals, und das gilt vor allem auch für Immobilien und

Verkehrswert

Betriebe, über ein Verkehrswertgutachten ermittelt. Allein diese Art der Ermittlung führt in zahlreichen Fällen schon zu größeren Streitigkeiten zwischen den Ehegatten: Dem einen ist der Gutachten-Wert zu hoch, dem anderen natürlich zu niedrig. Dann werden Gegengutachten eingeholt und in einem gerichtlichen Verfahren wird das Gericht ein weiteres Gutachten anfordern, da die außergerichtlichen Gutachten sogenannte Parteigutachten darstellen, die im Rahmen eines gerichtlichen Verfahrens nicht anerkannt werden müssen, im Gegensatz zu einem von einem Richter eingeholten Gutachten.

Gutachten

TIPP

Insoweit wird Ehegatten empfohlen, sich bereits in einem Ehevertrag für die Gegenstände, die nicht aus der Zugewinngemeinschaft herausgenommen werden, auf einen Sachverständigen zu einigen. Zumindest sollte aufgenommen werden, dass man einen von der IHK empfohlenen Gutachter nimmt. Dann hat man zumindest schon eine neutrale Stelle, die den Gutachter vorschlägt, dieser kommt also nicht von einer Partei persönlich.
Im Übrigen kann diese Vereinbarung dann um eine „Anerkennungsklausel" erweitert werden. Beide Ehegatten verpflichten sich bereits im Ehevertrag, das Sachverständigengutachten anzuerkennen. Das verhindert Gegengutachten.

Die Modifizierung der Zugewinngemeinschaft kann auch in anderer Art und Weise als durch die Herausnahme eines Vermögenswerts erfolgen. Die Ehegatten können beispielsweise bereits im Vorfeld die Höhe des Zugewinnausgleichsanspruchs bestimmen.

Die Zugewinngemeinschaft wird oft nur für den Fall der Scheidung modifiziert, d.h. nur für diesen Fall eingeschränkt. Sollte die Zugewinngemeinschaft durch Tod oder einen neuen Ehevertrag beendet werden, sollen die Einschränkungen nicht gelten. Dies hat den Vorteil, dass

Zugewinnausgleichsanspruch

die Ehegatten zum einen bewusst den Güterstand der Zugewinngemeinschaft beenden und damit einen Zugewinnausgleichsanspruch auslösen können. Diese Vorgehensweise kann aus steuerlichen Gesichtspunkten sinnvoll werden, dazu unten mehr.

Auf jeden Fall darf die Modifizierung nicht für den Fall des Todes gelten. Dadurch würden sich die Ehegatten die Möglichkeit eines erbschaftsteuerlichen Freibetrags nehmen. Auch dies wird unten noch näher erläutert.

Steuerliche Auswirkungen eines Ehevertrags

Güterstandsschaukel

Die wohl bekannteste steuerliche Auswirkung eines Ehevertrags ist die sogenannte Güterstandsschaukel.

Freibeträge

Diese Güterstandsschaukel ist ein beliebtes Instrument, um im Rahmen von Vermögensnachfolgeplanungen Vermögen eines Ehegatten auf beide Ehegatten zu verteilen, damit beide Partner mit entsprechenden Freibeträgen Vermögen an die Kinder weitergeben können.

Ausgleichsanspruch

Die meisten Ehegatten leben im Güterstand der Zugewinngemeinschaft. Wenn nun ein Ehegatte während der Ehe mehr Vermögen erwirtschaftet hat, kann durch einen Ehevertrag in den Güterstand der Gütertrennung getreten werden: Damit wird die Zugewinngemeinschaft beendet und der Zugewinnausgleich ist zu berechnen. Der sich hieraus errechnete Ausgleichsanspruch wird dann an den anderen Ehegatten beglichen, er kann beispielsweise auch durch Übergabe einer entsprechenden Immobilie abgegolten werden.

Wird die Immobilie einfach so, ohne einen Anspruch zu erfüllen, an den Ehegatten übergeben, also verschenkt, löst dies grundsätzlich Schenkungsteuer aus.

Wenn die Immobilie aber zur Erfüllung des Zugewinnausgleichsanspruchs übertragen wird, liegt darin eine Gegenleistung für die Übergabe an den Ehegatten. Im Umkehrschluss kann damit keine Schenkung an den Ehegatten vorliegen, welche eine Schenkungsteuerpflicht auslöst. Dies wird ergänzend in § 5 ErbStG klargestellt. Dort wird bestimmt, dass der Ausgleich des Zugewinnausgleichsanspruchs steuerfrei ist.

BEISPIEL

Martin (M) und Fiona (F) sind verheiratet und leben im Güterstand der Zugewinngemeinschaft.
Martin hat während der Ehe bereits einen Zugewinn in Höhe von € 600.000 erwirtschaftet und wäre Fiona auch in dieser Höhe ausgleichspflichtig. Unter anderem ist er Eigentümer einer Immobilie im Wert von € 600.000.
Wenn er F diese Immobilie schenkt, ist dieser Vorgang schenkungsteuerpflichtig. F steht gegenüber dem Ehegatten M ein persönlicher Freibetrag in Höhe von € 500.000 zu. Sie muss also einen Erwerb in Höhe von € 100.000 der Schenkungsteuer unterwerfen und zahlt hierfür 11 % und damit einen Betrag in Höhe von € 11.000 Schenkungsteuer.
Gehen M und F nun aber zu einem Notar und wechseln von der Zugewinngemeinschaft in die Gütertrennung, so entsteht der Zugewinnausgleichsanspruch von F gegenüber M in Höhe von € 600.000. Nun erfüllt M diesen Anspruch durch Übertragung der Immobilie. Nach § 5 ErbStG ist diese Übertragung steuerfrei, man spart sich also € 11.000.

Die Ehegatten können danach per Ehevertrag wieder in den Güterstand der Zugewinngemeinschaft wechseln, wenn sie dies wünschen.

Diese Konstruktion war vor allem in der Finanzgerichtsbarkeit lange sehr umstritten. Der Bundesfinanzhof hat dieses Vorgehen jedoch vor längerer Zeit bereits für folgenden Fall gebilligt: Die Parteien hatten per Ehevertrag die Zugewinngemeinschaft beendet und waren in den Güterstand der Gütertrennung eingetreten. Die sich hieraus ergebende Ausgleichsforderung zugunsten der Ehefrau wurde gestundet. Noch am selben Tag haben die Ehegatten wieder den Güterstand der Zugewinngemeinschaft vereinbart.

Diese Konstruktion hat der Bundesfinanzhof vor allem mit der Begründung gebilligt, dass das Familienrecht solche Konstruktionen zulieβe und damit auch das Steuerrecht diese anerkennen müsse.

Ausgleich im Todesfall

Steuerlicher Freibetrag

Im Falle des Todes eines Ehegatten ist die Zugewinnausgleichsforderung des überlebenden Ehegatten steuerfrei nach § 5 ErbStG. In Höhe der Ausgleichsforderung steht dem überlebenden Ehegatten daher neben seinem persönlichen Freibetrag in Höhe von € 500.000 nach dem Erbschaft- und Schenkungsteuergesetz ein weiterer steuerlicher Freibetrag in Höhe des tatsächlichen Zugewinnausgleichsanspruchs zu. Daher muss im Rahmen der Berechnung der Erbschaftsteuer auch der tatsächliche Zugewinnausgleichsanspruch berechnet werden. Je höher dieser tatsächliche Ausgleichsanspruch ist, desto mehr Erbschaftsteuer kann gespart werden.

Um diese Möglichkeit nicht zu verlieren bzw. den steuerlichen Freibetrag möglichst hoch zu halten, dürfen im Falle des Todes keine Gegenstände aus der Ausgleichsberechnung herausgenommen werden. Deshalb sollte die Modifizierung nur für den Fall der Scheidung und immer mit Ausnahme des Todes vereinbart werden.

Einschub: Auswirkungen auf das Erbrecht

Eine wesentliche Auswirkung auf das gesetzliche Erbrecht wird durch den Ehevertrag dann hervorgerufen, wenn anstatt der Zugewinngcmcinschaft dcr Güterstand der Gütertrennung vereinbart wird.

Zugewinngemeinschaft

Nach § 1931 Abs. 1 i.V.m. § 1931 Abs. 3 BGB erhält der im Güterstand der Zugewinngemeinschaft lebende Ehegatte neben zwei Kindern gesetzlich die Hälfte des Nachlasses als gesetzlicher Erbe. Die Kinder teilen sich die andere Hälfte.

Gütertrennung

Bestand im Erbfall Gütertrennung, so beläuft sich der gesetzliche Erbteil des Ehegatten nach § 1931 Abs. 4 neben zwei Kindern nur noch auf ein Drittel, der Ehegatte erhält nach der gesetzlichen Erbfolge also weniger.

Diese Folge muss bei Abschluss eines entsprechenden Ehevertrags bekannt sein, da sie auch auf den Pflichtteilsanspruch eines Ehegatten durchschlägt. Wird der betroffene Ehegatte enterbt, erhält er nur noch die Hälfte des gesetzlichen Erbteils.

Pflichtteil

Bei der Vereinbarung der Gütertrennung beläuft sich die Pflichtteilsquote also auf ⅙, während der in der Zugewinngemeinschaft verheiratete Ehegatten ¼ der Erbschaft als Pflichtteil erhält.

KAPITEL 3

Szenen einer Ehe und der dazu passende Vertrag

In diesem Kapitel geht es um die Frage, wer überhaupt einen Ehevertrag abschließen sollte und welche Fragen auf jeden Fall geklärt werden müssen.

Ganz grundsätzlich unterscheidet man zwischen den sogenannten vorsorgenden Eheverträgen und den Trennungs- und Scheidungsfolgenvereinbarungen.

Vorsorgende Eheverträge

Vorsorgende Eheverträge sind alle Eheverträge, die vor oder während der bestehenden Ehe geschlossen werden. Hier erkennen die Ehegatten zumeist Themen in der Ehe, die über die gesetzlichen Regelungen des Familienrechts nach ihren Bedürfnissen im Falle einer Trennung und Scheidung nicht gerecht geklärt werden können. Sie entschließen sich daher, einen Ehevertrag abzuschließen.

Einvernehmliche Regelungen

Sehr oft bringt allerdings auch ein Ehegatte den Wunsch nach einem Ehevertrag auf den Tisch des Hauses – und der Ehepartner ist davon nicht gerade begeistert. Es ist in einem solchen Fall auch Aufgabe einer guten und umfassenden Beratung, dem anderen Ehegatten verständlich zu machen, dass ein Ehevertrag durchaus eine sinnvolle Möglichkeit ist, zu einem Zeitpunkt, zu welchem sich die Ehegatten noch verstehen, etwaige Probleme anzugehen und in beiderseitigem Einvernehmen zu regeln.

Man muss sich dabei immer vor Augen halten, dass genau jene Themen, die schon während der Ehe erkannt werden, bei einer Scheidung nur in seltenen Fällen zu einer vernünftigen einvernehmlichen Lösung gebracht werden können. Denn bei einer Scheidung kommen noch die persönlich verletzten Gefühle hinzu.

Oftmals sitzen die Ehegatten vor dem Berater und wollen bzw. können sich gar nicht so recht in die Situation einer Scheidung hineinversetzen. Dabei spielt oft auch eine Rolle, dass viele Ehegatten schon fast eine psychische Sperre haben, dieses Thema überhaupt anzugehen. Manche fragen sich sicherlich sogar, ob nicht doch beim anderen Ehegatten bereits der Wunsch nach einer Trennung im Hintergrund steht, wenn er das Thema Ehevertrag auf den Tisch bringt. Aber es hilft immer wieder, wenn man den Partnern zu verstehen gibt, dass man nicht einen Ehegatten im Rahmen der Scheidung ausbooten will, sondern vielmehr ein Thema heute vernünftig, das heißt natürlich auch zugunsten des anderen Ehegatten, lösen möchte.

Heikle Thematik

Der beste Ehevertrag ist ohnehin immer noch der, der für immer in der Schublade landet und nie wieder gebraucht wird. Allerdings müssen alle notwendigen Regelungen enthalten sein, wenn er eines Tages doch herausgeholt werden sollte. Sonst hätte sich die Erstellung des Ehevertrags nicht gelohnt.

Trennungs- und Scheidungsfolgenvereinbarungen

Neben diesen vorsorgenden Eheverträgen gibt es die sogenannten Trennungs- und Scheidungsfolgenvereinbarungen, also notariell beurkundete Eheverträge, die während der Trennungszeit oder auch im Rahmen des gerichtlichen Scheidungsverfahrens zwischen den Ehegatten geschlossen werden. In diesen Verträgen werden die notwendigen Scheidungsfolgen, wie Kindesunterhalt, Nachehelichenunterhalt und Vermögen ebenfalls einvernehmlich geregelt.

Aus Kostengründen kann es durchaus sinnvoll sein, eine solche Vereinbarung vor einem Notar zu schließen. Dann werden alle Regelungen in einer notariellen Urkunde aufgenommen. Diese Urkunde wird im Rahmen der gerichtlichen Scheidung dem Gericht vorgelegt, der Richter muss dann nur noch die Scheidung an sich aussprechen.

Gericht

Daneben ist es möglich, sämtliche Scheidungsfolgen bei Gericht im Rahmen einer sogenannten Scheidungsfolgenvereinbarung, welche die Anwälte ausgearbeitet haben, protokollieren zu lassen.

Auf die Möglichkeiten der darin enthaltenen Regelungen wird ab Seite 121 ff und in Kapitel 4 zum Kostenrecht noch näher eingegangen.

Kinderlose Ehegatten / Dinks

Hinter dem neudeutschen Wort „Dinks“ verstecken sich die Ehepaare, die beide berufstätig sind und keine Kinder haben (double income no kids). Diese Eheform kann eigentlich in jeder Lebenslage geschlossen werden.

Da gibt es die jungen Ehegatten, die beide noch ihre berufliche Karriere verfolgen wollen. An Kinder haben sie noch nicht gedacht bzw. über Kinder wurde noch gar nicht gesprochen.

Finanzielle Folgen ausschließen

Bei älteren Paaren, die vielleicht auch bereits in zweiter Ehe heiraten, besteht aufgrund des Alters vielleicht schon kein Kinderwunsch mehr. Beide Ehepartner sind meist berufstätig und eigentlich auch ohne einander finanziell unabhängig. Gerade für ältere Ehepartner ist es zumeist sehr wichtig, finanzielle Folgen aus der Ehe auszuschließen. Jeder Ehegatte steht vollkommen auf eigenen Füßen, ist finanziell unabhängig in die Ehe gegangen und möchte auch so wieder aus der Ehe herausgehen, wenn die Liebe erlischt.

Nachehelicher Unterhalt und Versorgungsausgleich sind für diese Ehepaare dabei immer wieder die großen Themen.

Das jüngere Ehepaar, Kinderwunsch noch nicht geklärt

Unterhalt

Solange beide Ehegatten bereits im Beruf stehen und damit einer Vollzeittätigkeit nachgehen, dürfte der Verzicht auf nachehelichen Unterhalt zuerst einmal kein Problem darstellen.

Aufstockungsunterhalt

Beim Unterhalt würde es sich nur um den sogenannten Aufstockungsunterhalt handeln, der nach der Lehre des Bundesgerichtshofs im Rahmen der Inhalts- und Wirksamkeitskontrolle an letzter Rangstelle steht. Über ihn können daher durchaus wirksame Verfügungen bis hin zu einem Verzicht getroffen werden.

Ehebedingter Nachteil

Diese Möglichkeit des Verzichts endet aber dann, wenn einer der Ehegatten in der Ehe seine Erwerbstätigkeit aufgibt oder einschränkt und damit auch in seinem Erwerbsfortkommen Einbußen erleidet. Sobald bei einem Ehegatten ein ehebedingter Nachteil eintritt, dürfte der ursprüngliche Verzicht nicht mehr halten und der Ehevertrag ist abzuändern.

Versorgungsausgleich

Solange jeder Ehegatte seine Altersvorsorge weiter wie vor der Ehe selbst aufbaut und damit durch die Ehe keine ehebedingten Nachteile erleidet, wird auch ein Verzicht auf den Versorgungsausgleich grundsätzlich möglich sein.

Vermögen / Güterstand

Aufbau von Familienvermögen

Beim Vermögen empfinden es aber gerade junge Leute durchaus als gerecht, den gesetzlichen Güterstand der Zugewinngemeinschaft zu belassen. Die jungen Ehegatten stehen gerade vor der Herausforderung, ihr eigenes Familienvermögen aufzubauen, und sehen auch die Problematik, dass Vermögen bei beiden Partnern nicht unbedingt immer in gleicher Höhe wächst. Ein Ausgleich aus dem Zugewinn wird deshalb von vielen jungen Ehegatten durchaus als gerecht angesehen.

Problem: Geburt eines Kindes

Aber was passiert, wenn doch ein Kind kommt? Diese Frage beschäftigt viele junge Ehepaare.

In einer solchen Situation ist davon auszugehen, dass ein Ehegatte zumindest vorübergehend seine Erwerbstätigkeit aufgibt, um sich um das Kind zu kümmern. Sowohl der Verzicht auf nachehelichen Unterhalt wie auch der Verzicht auf Versorgungsausgleich im Ehevertrag würden im Rahmen einer Scheidung seitens eines Gerichts sicherlich als unwirksam erachtet werden. Anspruch auf Betreuungsunterhalt hat der Bundesgerichtshof an erste Rangstelle gestellt und damit eigentlich als unverzichtbar bewertet, ebenso verläuft es beim Versorgungsausgleich.

BEISPIEL

Martin (M) und Fiona (F) heiraten. Beide sind berufstätig und streben erst einmal an, ihre Karriere voranzutreiben. Über Kinder haben die beiden zum Zeitpunkt der Heirat noch nicht nachgedacht.
M und F schließen aber zum Zeitpunkt der Hochzeit vor einem Notar einen notariellen Ehevertrag, in welchem nachehelicher Unterhalt und Versorgungsausgleich ausgeschlossen sind. Der gesetzliche Güterstand der Zugewinngemeinschaft bleibt bestehen.

Fünf Jahre später bemerkt F, dass sie schwanger ist. Die Ehegatten hatten bis dahin über Kinder nicht gesprochen, entschließen sich dann aber, dass F zumindest für die ersten drei Lebensjahre des Kindes zu Hause bleiben soll.
Aufgrund der doch großen Belastung durch ein Baby im Haushalt scheitert die Ehe. F lässt sich scheiden und verlangt Ehegattenunterhalt. M beruft sich auf den Ehevertrag.
Im Rahmen des gerichtlichen Verfahrens werden die Klauseln für Unterhalt und Versorgungsausgleich aufgrund der Betreuungsbedürftigkeit des Kindes durch F und ihrer damit einhergehenden nicht mehr vorhandenen Erwerbstätigkeit als unwirksam erachtet. M muss an F nach den gesetzlichen Vorgaben nachehelichen Unterhalt zahlen, der Versorgungsausgleich wird durchgeführt.

Was hätten Martin und Fiona machen können, um die Unwirksamkeit der Regelungen zu verhindern?

Anpassung des Ehevertrags

Martin und Fiona hätten sich spätestens zum Zeitpunkt der Geburt darüber Gedanken machen müssen, wie sie die Themen Unterhalt und Versorgungsausgleich regeln wollen. Ein versierter Berater hätte sie darauf hingewiesen, dass ihre Unterhalts- und Versorgungsausgleichsverzichte unwirksam sind. In dieser Situation hätte man vielleicht noch eine einvernehmliche Regelung zwischen den Parteien finden können, die auch den Anforderungen der Rechtsprechung entspricht. Dann hätte der Ehevertrag gehalten und es wären nicht die gesetzlichen Regelungen zur Anwendung gekommen. Wahrscheinlich hätten sich Martin und Fiona damit zahlreiche Probleme und Streitigkeiten im Rahmen der Scheidung sparen können.

Auf die Möglichkeiten, die gesetzlichen Regelungen auch nach der Geburt von gemeinsamen Kindern abzuändern, wird in diesem Kapitel ab Seite 87 ff eingegangen.

Bei einem vereinbarten Unterhaltsverzicht muss nach der Geburt eines Kindes, vielleicht sogar besser noch vorher, der Ehevertrag auf jeden Fall überarbeitet werden.

Sollten beim Abschluss des Ehevertrags die Ehegatten bereits davon ausgehen, dass eines Tages ein Kind in die Ehe geboren wird, die Ehegatten also ganz grundsätzlich einen Kinderwunsch haben, kann man entsprechende Regelungen bereits in den Ehevertrag einbauen.

Auflösende Bedingung

Man kann die Verzichte auf Unterhalt und Versorgungsausgleich unter eine sogenannte auflösende Bedingung stellen. Im Ehevertrag wird dann geregelt, dass der Unterhaltsverzicht und der Verzicht auf Versorgungsausgleich nur für den Fall gelten soll, dass kein Kind in die Ehe geboren wird bzw. umgekehrt, nur solange gelten soll, solange kein Kind vorhanden ist.

Sollten die Ehegatten sich in Bezug auf Kinder und die Frage der Betreuung der Kinder schon Gedanken gemacht haben, kann der Ehevertrag im Bereich des Unterhalts und auch des Versorgungsausgleichs bereits um entsprechende Regelungen ergänzt werden. Diese Regelungen werden ebenfalls ab Seite 87 ff vorgestellt.

Die meisten Ehegatten, die jung heiraten, können sich zwar vorstellen, einmal ein Kind zu bekommen, aber sie streben es noch nicht an. Und sie haben auch noch überhaupt keine Ahnung davon, wie ihr Leben mit einem Kind aussehen soll. In diesem Stadium ist es fast nicht möglich, eine vernünftige Unterhaltsregelung zu erarbeiten.

Geburt eines Kindes

Für diese Ehegatten ist es nur wichtig, sich daran zu erinnern, dass ihre Verzichtserklärungen aus dem Ehevertrag mit der Geburt des Kindes unwirksam werden bzw. durch die auflösende Bedingung nicht mehr bestehen. Sie müssen dann noch einmal den Weg zu einem fachkundigen Berater und zu einem Notar gehen, um die Regelungen entsprechend abzuändern. Vergessen sollten sie das auf keinen Fall.

Achtung, Vertragsänderung!

Ältere Ehepaare

Bei älteren Paaren, die heiraten, handelt es sich zumeist bereits mindestens um die Zweitehe. Beide Ehegatten haben in der Regel eine Scheidung hinter sich, der eine oder andere ging daraus als „gebranntes Kind“ hervor.

Scheidungsfolgen abmildern

In diesem Stadium überwiegt zumeist das Interesse, eine solche Scheidung nicht noch einmal erleben zu wollen bzw. weitere finanzielle negative Folgen, vor allem in der Altersvorsorge, nicht hinnehmen zu müssen.

Verzicht auf Unterhalt und Versorgungsausgleich

Bei älteren Ehegatten, die beide in Vollzeit berufstätig sind und damit auf eigenen Füßen stehen, dürfte ein Verzicht auf nachehelichen Unterhalt und den Versorgungsausgleich kein Problem sein.

Diese Aussage gilt zumindest für den Fall, dass beide Ehegatten während der Ehe bis zur Rente weiterhin berufstätig sind und auch ihre Versorgungsanwartschaften weiter aufbauen.

Änderung der persönlichen Situation eines Ehegatten

Überarbeitung des Vertrags

Aber auch bei älteren Ehepartnern muss an eine Überarbeitung des Ehevertrags gedacht werden, wenn sich die persönlichen Umstände bei einem oder sogar bei beiden Ehegatten ändern.

Das ist beispielsweise der Fall, wenn ein Ehegatte seine Berufstätigkeit aufgibt, um dem anderen ins Ausland zu folgen, oder einer von beiden Ehegatten krank wird und daher nicht mehr in vollem Umfang einer Erwerbstätigkeit nachgehen kann. Dann müssen die Regelungen und damit die zumeist erklärten Verzichte auf Basis der dann vorliegenden persönlichen Umstände überprüft werden. Oftmals werden sowohl der Verzicht auf Unterhalt wie auch der auf Versorgungsausgleich wackeln.

Ehebedingte Nachteile

Denn durch die zumindest teilweise Aufgabe der Erwerbstätigkeit hat der betroffene Ehegatte nun zuerst einmal ehebedingte Nachteile, die im Falle einer Scheidung eventuell ausgeglichen werden müssen.

Sollte also während der Ehe die eigentliche Zielsetzung beider Ehegatten, während der Ehe immer berufstätig zu sein, aus welchem Grund auch immer nicht mehr verfolgt werden, muss der Ehevertrag auf jeden Fall überarbeitet werden.

Vermögen / Güterstand

Sicherung des Erbes

Bei älteren Ehepaaren steht das Vermögen häufig im Vordergrund. Zumeist hat einer der beiden Ehegatten bereits Vermögen erwirtschaftet, vielleicht auch beide. Und unter Umständen hat einer der Ehegatten Kinder, deren Erbe vor einer weiteren Scheidung und damit einem Zugewinnausgleich gesichert werden soll.

Solange sich beide Ehegatten alleine gut versorgen können, bereits alleine Vermögen aufgebaut haben und dies auch zukünftig in der Ehe für sich machen werden, steht der Vereinbarung einer Gütertrennung zusätzlich nichts im Wege.

Man sollte aber auch hier sicherlich die Gedanken der Ehegatten in den Ehevertrag aufnehmen und damit festhalten.

Erbrechtliche Beratung

Gerade solange Ehegatten keine Kinder haben, muss die ehevertragliche Beratung auch das Thema Erbrecht umfassen. Wenn ein Teil eines kinderlosen Ehepaares stirbt, so ist der andere Ehegatte nicht unbedingt Alleinerbe. Ein großer Teil der Bevölkerung allerdings geht anscheinend von dieser falschen Annahme aus.

Ehegatte nicht Alleinerbe

Leben die Ehegatten im Güterstand der Zugewinngemeinschaft und stirbt ein Ehegatte, so erbt der andere Ehegatte gesetzlich nur drei Viertel. Das restliche Viertel geht an die Eltern des verstorbenen Ehegatten. Wenn diese bereits vorverstorben sind, also ebenfalls nicht mehr leben, geht das Erbe weiter an die Geschwister des verstorbenen Ehegatten. Der überlebende Ehegatte tritt damit zwangsweise in eine sicherlich nicht gewünschte Erbengemeinschaft mit seinen Schwiegereltern ein.

Testament

Aus diesem Grunde muss im Rahmen der ehevertraglichen Beratung auf dieses Thema auch immer wieder hingewiesen werden. Es reicht aus, wenn die Ehegatten ein gemeinschaftliches Testament errichten, in welchem sie sich für das Erstversterben eines Ehegatten gegenseitig zu Alleinerben einsetzen.

In diesem Falle erhält der überlebende Ehegatte 100 % der Erbschaft. Die Eltern wären dann zwar noch pflichtteilsberechtigt nach dem Kind, die meisten Eltern machen diesen Pflichtteilsanspruch aber nicht geltend.

Ehepaare mit (vor allem kleinen) Kindern

Im Rahmen der Beratung von Ehegatten mit Kindern hat sich durch die Unterhaltsrechtsreform die größte Verän-

Unterhaltsrechtsreform

derung ergeben. So stand es bisher sicherlich im Vordergrund, mögliche Unterhaltsansprüche des betreuenden Elternteils dadurch zu minimieren, dass der betreuende Elternteil schon früher in den Beruf zurückgegangen ist. Heute ist es eher so, dass man ausgehend vom Wohle der Kinder überlegt, ob der betreuende Elternteil nicht noch länger zu Hause bleiben kann, als das Gesetz ihm eigentlich zubilligt. Eine Verkürzung des Unterhaltsanspruchs bei Betreuung von gemeinschaftlichen Kindern ist nach der Rechtsprechung des BGH unwirksam.

Betreuungsunterhalt

Familien mit kleinen Kindern

In den vorstehenden Kapiteln wurde bereits ausführlich erläutert, dass das Gesetz eine Berufstätigkeit des betreuenden Elternteils ab Beendigung des dritten Lebensjahres des Kindes vorsieht, solange und soweit das Kind im Rahmen einer öffentlichen Betreuungseinrichtung betreut werden kann. Dabei hat der BGH immer wieder entschieden, dass eine öffentliche Betreuung der privaten Betreuung durch den Elternteil durchaus vorzuziehen ist.

Vereinbarung von Kind und Beruf

Im Rahmen der Beratung zur Frage der Abänderung einer Unterhaltsregelung für den nachehelichen Unterhalt in einem Ehevertrag muss ein Berater daher zuerst einmal herausfinden, wie sich die Ehegatten eigentlich die Vereinbarung von Kind und Beruf vorstellen. Zumeist haben die Ehegatten durchaus sehr genaue Vorstellungen davon, wann das Kind in die öffentliche Betreuung gehen sowie wann und in welchem Umfang ein Betreuender wieder erwerbstätig werden soll.

Diese Vorstellung, wie auch immer sie lautet, sollte in den Ehevertrag aufgenommen und daran anschließend eine Regelung für den Betreuungsunterhalt festgehalten werden.

Die Erfahrung zeigt nämlich leider, dass das Wohl der Kinder und der während der Ehe vorhandene Wunsch, dass die Kinder beispielsweise nach der Schule zu Hause betreut werden, nach einer Scheidung nicht mehr unbedingt als wichtig angesehen werden, wenn es um das „liebe Geld" geht.

Bandbreite der möglichen Regelungen

Die Bandbreite der möglichen Regelungen in diesem Zusammenhang ist unglaublich groß. Viele Eltern überlegen sich für den Ehevertrag ihr eigenes Altersphasenmodell. Sie halten also im Ehevertrag fest, ab wann und in welchem Umfang die Kinder in die öffentlichen Betreuungseinrichtungen gehen sollen. Im gleichen Zug wird vereinbart, welche Stundenanzahl der betreuende Elternteil in diesem Zeitraum arbeiten muss.

Es sind aber auch Regelungen vorstellbar, in denen festgehalten wird, dass die Kinder bis zum Abschluss der weiterführenden Schule nachmittags von einem Elternteil betreut werden müssen. Dies heißt nun im Umkehrschluss, dass der betreuende Elternteil im Normalfall nicht mehr als halbtags arbeiten kann.

Diese Regelungen sind selbstverständlich für den betreuenden Elternteil nicht bindend.

Möchte der betreuende Elternteil aus eigenem Antrieb heraus mehr arbeiten, so steht ihm dies frei. Der andere Elternteil kann ihm also die Mehrarbeit nicht verbieten. Das würde im Übrigen wohl ohnehin nicht vorkommen, da eine Mehrarbeit im Umkehrschluss den Unterhaltsanspruch verringern würde.

Die Frage, ob der Mehrverdienst aus der Mehrarbeit im Unterhalt angerechnet wird, sollte ebenfalls im Ehevertrag geregelt werden, um spätere Streitigkeiten hierüber zu vermeiden.

Anrechnung des Mehrverdienstes?

Die Frage, ob dieser Mehrverdienst in der Unterhaltsberechnung berücksichtigt werden soll und damit den Unterhaltsanspruch mindert, sollte zu guten Zeiten zwischen den Ehegatten geklärt und in den Ehevertrag aufgenommen werden. Dann ist in schlechten Zeiten eine Regelung vorhanden, auf die sich beide Ehegatten berufen können.

Falls der betreuende Elternteil bereits vor dem dritten Geburtstag des jüngsten gemeinsamen Kindes einer Erwerbstätigkeit nachgeht, wird dieses Entgelt nach der Rechtsprechung als überobligatorisch eingestuft. Das hat zur Folge, dass keine Anrechnung erfolgt. Wenn eine solche aber gewünscht wird, muss eine entsprechende Regelung in den Vertrag aufgenommen werden.

Nach dem dritten Geburtstag des Kindes geht das Gesetz von einer Erwerbsverpflichtung des betreuenden Ehegatten aus. Ein Richter würde eine Anrechnung bei entsprechender Tätigkeit über dem eigentlich nach Vertrag oder Rechtsprechung geschuldeten Umfang verfügen. Wird diese nicht gewünscht, ist eine vertragliche Regelung erforderlich.

BEISPIEL

Martin (M) und Fiona (F) lassen sich scheiden, sie haben ein Kind im Alter von 2 Jahren. F fängt nach der Trennung wieder zu arbeiten an, das Kind geht in die KiTa. Ihr Einkommen würde nach der derzeit herrschenden Rechtsprechung nicht bei der Berechnung des Unterhalts angesetzt werden. F würde also Unterhalt in voller Höhe erhalten und dazu noch über ihren Nettoverdienst verfügen können.

Zwei Jahre später: Das Kind ist nun 4 Jahre alt und geht bis Mittag in den Kindergarten. F arbeitet halbtags. Ein Gericht würde dies neben der Betreuung des Kindes auch als angemessen und ausreichend ansehen.
Ihr Verdienst aus der Halbtagestätigkeit wird bei der Berechnung des Unterhalts angerechnet und kürzt damit den von M zu zahlenden Unterhalt an F.
Arbeitet F nun aber mehr, obwohl sie nach den Umständen des Einzelfalls nur halbtags erwerbstätig sein müsste, würde ein Richter entscheiden, dass sie sich auch diesen Mehrverdienst im Unterhalt anrechnen lassen muss.

Diese letzte Konstellation kann manchmal kontraproduktiv werden. Der betreuende Elternteil könnte über eine Regelung, nach der keine Anrechnung erfolgt, zu einer erweiterten Tätigkeit veranlasst werden. Dies würde ihm unter Umständen später den Einstieg in das volle Erwerbsleben vereinfachen, könnte damit auch das Ende des Unterhaltsanspruchs an sich beschleunigen. Denn je eher der anfangs Kinder betreuende Elternteil wieder auf eigenen Beinen steht, desto eher kann auch über die Beendigung des Anspruchs an sich entschieden werden.

Familien mit älteren Kindern

Regelung des Betreuungsunterhalts

Eine Regelung in Bezug auf den Betreuungsunterhalt wird aber nicht nur jungen Eltern, sondern vor allem Familien und damit Ehegatten empfohlen, die schon längere Zeit verheiratet sind. Dann sind die Kinder vielleicht schon 10, 12 Jahre alt und nicht selten wird noch das alte Familienmodell dahingehend gelebt, dass die Mutter zu Hause ist.

Diese betreuenden Elternteile sind die eigentlichen Verlierer der Unterhaltsreform. Dazu gehören auch die lang verheirateten Ehefrauen, deren Kinder bereits aus dem Haus sind, die aber weiterhin keiner Erwerbstätigkeit nachgehen.

Rückkehr ins Erwerbsleben schwierig

Sie werden über das Unterhaltsrecht gezwungen, wieder eine Erwerbstätigkeit aufzunehmen. Bei einem entsprechend langen Ausstieg aus der Berufstätigkeit oder auch aufgrund des gestiegenen Alters von über 50 Jahren ist eine Rückkehr ins Erwerbsleben jedoch fast nicht mehr möglich. Gerade Frauen mit guter Ausbildung werden meist bei einem Ausstieg aus dem Job für acht bis zehn Jahre in ihrem alten Job keine Anstellung mehr finden.

In diesen Ehen besteht die Gefahr, dass die Ehefrau dauerhaft ehebedingte Nachteile erleidet, die aber eines Tages im Unterhaltsrecht nicht mehr gewürdigt werden. Dann wird die Ehefrau ihrem dann geschiedenen Ehemann vielleicht eines Tages ohne Unterhaltsansprüche gegenüberstehen.

Ehevertrag von Vorteil

Gerade für diese Ehepartner ist es besonders wichtig, einen Ehevertrag zu schließen und in guten Zeiten eine vernünftige Unterhaltsvereinbarung mit dem Ehegatten zu treffen. In der Regel war es sicherlich auch Wunsch des Ehemannes, dass die Ehefrau zu Hause bleibt. Dann kann es aber auch nicht sein, dass die Ehefrau eines Tages nur noch mit geringen oder keinen Unterhaltsansprüchen dasteht und finanziell kaum noch über die Runden kommt. In vielen Fällen hat sie auch keine Chance mehr, in ihr altes, vielleicht auch vormals geliebtes Berufsleben zurückzukehren.

Absicherung der Ehefrau

Auf das neue Unterhaltsrecht konnten sich gerade diese Ehen nicht einstellen, denn das neue Recht trat in Kraft, während sie ihr Familienmodell teilweise schon seit Langem praktiziert haben. Hier müssen über einen Ehevertrag etwaige Nachteile für die Ehegatten ausgeschlossen werden.

Dies kann dadurch geschehen, dass auch bei diesen „Altehen" noch ein Ehevertrag geschlossen wird, in welchem das gelebte Modell aufgenommen und beispielsweise festgehalten wird, dass der betreuende Ehegatte während der Schulausbildung der Kinder nicht arbeiten muss.

Anschlussunterhaltstatbestände

Der Unterhaltsanspruch des betreuenden Ehegatten endet zumeist aber nicht dann, wenn die Notwendigkeit der Kinderbetreuung wegfällt.

Ansprüche nach Ende der Betreuung

Auch danach hat der betreuende Ehegatte für eine gewisse Übergangszeit noch einen Anspruch, Unterhalt nach den sogenannten ehelichen Lebensverhältnissen, also vor allem nach dem Einkommen der geschiedenen Ehegatten, zu erhalten. Nach einer gewissen Übergangsfrist würde dieser Unterhalt dann auf die sogenannten ehebedingten Nachteile reduziert werden.

Wie bereits in den Kapiteln 1 und 2 dargestellt, sind auch die Reduzierung der Unterhaltsansprüche, beispielsweise auf den ehebedingten Nachteil, und der schlussendliche Wegfall des gesamten Unterhaltsanspruchs Themen, über die sich vor Gericht trefflich streiten lässt.

Sollte es also aufgrund der Lebenskonstellation der Ehegatten möglich sein, diese Themen schon bei Errichtung des Ehevertrags zu besprechen und zu regeln, sollte dies auf jeden Fall vorgenommen werden.

Rasche Regelung

Es ist allerdings anzumerken, dass im Rahmen eines vorsorgenden Ehevertrags gerade diese Fragen sehr schwer zu beantworten und zu klären sind, denn man weiß ja nun überhaupt nicht, ob und wann die Ehe einmal geschieden wird und wie die persönlichen Lebensumstände dann aussehen. Dies ist also zumeist eher ein Thema, das erst im Rahmen einer Trennungs- und Scheidungsfolgenvereinbarung vernünftigerweise geregelt werden kann.

Die Unternehmerehe

Zielsetzung des Unternehmerehegatten

Grund für Ehegatten, eine Beratung über den Abschluss eines Ehevertrags in Anspruch zu nehmen, ist oftmals die Tatsache, dass einem der Ehegatten ein Unternehmen gehört.

Oft hat der Unternehmer im Bekanntenkreis schon einmal gehört, dass im Falle einer Scheidung sein Betrieb untergehen könnte. Und der andere Ehegatte kommt mit den Befürchtungen in die Beratung, für Schulden aus dem Betrieb mit seinem privaten Vermögen haften zu müssen.

Befürchtungen

Um es vorneweg zu sagen, die Befürchtung, für die Schulden des Betriebs haften zu müssen, kann im Rahmen einer fachkundigen Beratung zumeist sofort ad acta gelegt werden. Ehegatten haften nun einmal nicht per se für die Schulden des anderen.

Die Befürchtungen des Unternehmers, sein Betrieb könnte eine Scheidung nicht überstehen, sind allerdings nicht gänzlich unrealistisch.

Vermögen / Güterstand

Wenn das Ehepaar keinen Ehevertrag abschließt und sich eines Tages scheiden lässt, wäre die Wertsteigerung im Unternehmen ganz grundsätzlich ausgleichspflichtig.

Güterstand der Zugewinngemeinschaft

Im Rahmen der Zugewinnausgleichsberechnung würde das Unternehmen in das Anfangsvermögen eingestellt, soweit der Unternehmer bereits mit dem Unternehmen in die Ehe gegangen ist. Ansonsten steht es mit seinem Wert einzig und allein im Endvermögen. Wenn nun auf Seiten des Unternehmers keine weiteren Werte vorhanden sind, die die Ausgleichsbilanz wesentlich verzerren, wird er die Hälfte der Wertsteigerung seines Betriebs im Rahmen des Zugewinnausgleichs an seinen Ehegatten bezahlen müssen.

Gefahr Zugewinnausgleich

Dabei ist aber zu beachten, dass der Wert der Firma nicht unbedingt dem Wert des Bankguthabens entsprechen muss, kurz gesagt, dies ist nie der Fall. Die Bewertung eines Unternehmens erfolgt auf dem Firmenvermögen und damit auch auf den Sachwerten der Firma. Darüber hinaus wird auch noch der immaterielle Firmenwert, wie beispielsweise der Kundenstamm, bei der Bewertung berücksichtigt. Gerade diese beiden Werte spiegeln sich auf dem Bankkonto nun einmal nicht wieder.

Wenn ein Ehegatte nach einer Scheidung den Zugewinnausgleich aus der Wertsteigerung seines Unternehmens innerhalb kürzester Zeit in bar an den anderen Ehegatten auszahlen muss, kann der Betrieb durchaus in große Liquiditäts- und damit sogar auch in Existenzprobleme geraten. Dies gilt es sicherlich zu verhindern, da im Normalfall an dem Betrieb nicht nur der Unternehmer, sondern in der Regel auch Arbeitnehmer etc. hängen.

Liquiditätsprobleme

Großes Streitpotenzial birgt allein schon die Bewertung eines Unternehmens. Für die Berechnung des Zugewinnausgleichs müssen die Unternehmen von einem Sachverständigen bewertet werden, der auf die Bewertung von Unternehmen spezialisiert ist. Dabei ist es ohne Weiteres möglich, dass zwei Sachverständige in zwei Gutachten das Unternehmen mit Beträgen bewerten, die sehr deutlich differieren. Es kommt hier oft auch darauf an, wer den Gutachter beauftragt.

Bewertung des Unternehmens

Gütertrennung oder modifizierte Zugewinngemeinschaft

Um dieses Problem zu lösen, vor allem aber um den Betrieb vor größeren Liquiditäts- und Existenzproblemen zu schützen, sollte das Unternehmen aus dem Zugewinnausgleich herausgenommen werden.

Dies kann über den Eintritt in die Gütertrennung oder durch die Modifizierung der Zugewinngemeinschaft geschehen.

Gütertrennung

Die Gütertrennung wurde nach der Rechtsprechung für einen Unternehmer als einschneidenstes Instrument für die vermögensrechtlichen Beziehungen der Ehegatten anerkannt. Für einen Unternehmer ist es nach Ansicht der Gerichte durchaus interessensgerecht, sein Vermögen zu schützen und daher in den auch vom Gesetz vorgegebenen Güterstand der Gütertrennung einzutreten.

Gesellschaftsverträge

Zumeist wird die Herausnahme des Unternehmens aus dem Zugewinnausgleich auch in den entsprechenden Gesellschaftsverträgen verlangt. Mit diesen gesellschaftsrechtlichen Klauseln versuchen sich die Mitgesellschafter davor zu schützen, durch die Scheidung eines Gesellschafters die gesamte Gesellschaft und damit den ganzen Betrieb zu verlieren. Diese gesellschaftsrechtlichen Regelungen müssen nach der ständigen Rechtsprechung von den Familiengerichten, die schlussendlich über den Ehevertrag zu entscheiden haben, akzeptiert werden. Oftmals lassen die Gesellschaftsverträge ihren Gesellschaftern aber zumindest die Möglichkeit, zu entscheiden, ob sie die Zugewinngemeinschaft einfach nur modifizieren oder in die Gütertrennung eintreten wollen. Dies ist dann eine Entscheidung der Ehegatten, die sie am besten mit einem fachkundigen Berater unter Berücksichtigung der bei ihnen vorliegenden Situation treffen müssen.

Bis vor Kurzem wurde von den meisten Unternehmern Gütertrennung gewählt. Damit war das Vermögen des Unternehmers ohne Weiteres umfassend geschützt.

Mit der Gütertrennung werden aber sämtliche vermögensrechtlichen Ausgleichsansprüche erledigt. Sollte also in der Familie aus den Einnahmen des Betriebs Vermögen erwirtschaftet werden, so würde dieses Vermögen nicht ausgleichspflichtig sein. Heutzutage wird dieser negative Umstand aus der Gütertrennung oftmals als nicht mehr interessensgerecht empfunden.

Folgen der Gütertrennung

Dieser Umstand verdeutlicht sich noch stärker, wenn man bedenkt, dass sehr oft die Ehefrauen im Betrieb des Ehemannes mitarbeiten. Für diese Mitarbeit erhalten sie zumeist aber einen sehr geringen Lohn, oftmals kann sich der Betrieb ein höheres Entgelt nicht leisten. Die Ehefrau hat also keine Möglichkeit, aus diesem geringen Gehalt Vermögen oder auch Versorgungsanwartschaften aufzubauen. Der Ehemann betreibt mit den Einkünften aus seinem Unternehmen für die Familie durchaus einen Vermögensaufbau. Sollte dieser in großen Teilen allerdings nur auf seinen Namen laufen, würde die Ehefrau im Rahmen der Gütertrennung hierauf keinen Anspruch haben und auch keine Ausgleichsberechtigung erhalten.

Modifizierte Zugewinngemeinschaft

Da aber gerade dieser Ausgleich aus dem zusammen erwirtschafteten Vermögen als interessensgerecht empfunden wird, verbleibt als Notwendigkeit für die güterrechtliche Regelung nur der Schutz des Betriebs. Diesen Schutz des Betriebs auf der einen Seite und die Möglichkeit, den Zugewinnausgleich aus dem sonstigen Vermögen aufrechtzuerhalten, auf der anderen Seite, liefert im Gegensatz zur Gütertrennung die modifizierte Zugewinngemeinschaft.

Wie bereits oben ausführlich dargelegt, schafft die modifizierte Zugewinngemeinschaft die Möglichkeit, einzelne

Bestandteile der Regelung abzuändern. Im Falle der Unternehmerehe würde man also den Betrieb aus der Zugewinngemeinschaft herausnehmen und damit erreichen, dass eine etwaige Wertsteigerung aus dem Betrieb nicht ausgleichspflichtig wird. Aber die Einnahmen aus diesem Betrieb, von denen die Familie im Normalfall lebt, würden danach in die Zugewinngemeinschaft fallen und damit auch ausgleichspflichtig sein.

Verfügungsbefugnis

Als Ergänzung ist noch dringend anzuraten, die Verfügungsbefugnis nach § 1365 BGB auszuschließen, zumeist wird das Unternehmen der wesentliche Bestandteil des Unternehmerehegatten sein. Wenn er über dieses Unternehmen nun verfügen möchte, müsste er ohne diese Regelung jedes Mal seinen Ehepartner fragen, ob er eine entsprechende Verfügung über wesentliche Bestandteile des Unternehmens vornehmen kann. Dies ist sicherlich nicht sachgerecht.

Formulierung

Bei der Formulierung der Herausnahme des Betriebs aus der Zugewinngemeinschaft ist wesentlich darauf zu achten, dass der gesamte Betrieb samt Betriebsvermögen und Sonderbetriebsvermögen in dem Vertrag aufgeführt wird.

Darüber hinaus muss gewährleistet werden, dass der Betrieb auch dann ausgeschlossen bleibt, wenn Umwandlungen oder Umfirmierungen vorgenommen worden sind oder Nachfolgeunternehmen entstehen. Diese müssen allumfassend von dem jetzt geschlossenen Ehevertrag umfasst sein, so dass es hier wesentlich auf die Formulierung ankommt.

Surrogate

Weiterhin ist darauf zu achten, dass Surrogate mit enthalten sind. Sollte also der Unternehmerehegatte seinen Betrieb veräußern, um dann einen anderen Betrieb oder auch eine Immobilie zu kaufen, so sollte auch dieses Vermögensgut als Nachfolgegut des Betriebs aus der Zugewinngemeinschaft herausgenommen sein.

Behandlung der Erträge aus dem Betrieb

Eine weitere wichtige Frage müssen die Ehegatten in Bezug auf die Erträge klären, die aus dem Betrieb fließen.

Wenn es dem Unternehmerehegatten möglich sein sollte, seine Gewinne auch im Betrieb stehenzulassen bzw. auf sein Betriebskonto zu überweisen, würde das bedeuten, dass diese Erträge nicht ausgleichspflichtig sind. Soll dies seine alleinige Entscheidung sein? Soll hier eine Obergrenze aufgenommen werden?

Wichtige Fragen

Was soll mit Erträgen aus dem Betrieb passieren, die die betriebliche Sphäre verlassen haben, beispielsweise auf das Konto der Ehegatten geflossen sind? Wird dieses Geld dann ausgleichspflichtig, wenn hiervon wieder Geld genommen werden muss, um es in den Betrieb zu investieren? Muss sich also der Unternehmerehegatte bei Scheidung so stellen lassen, als wäre dieses Geld noch vorhanden?

Ganz grundsätzlich würde man bei dieser Frage sicherlich dazu tendieren, dieses Geld nicht ausgleichspflichtig zu machen. Allerdings muss man darauf hinweisen, dass dieser Umstand dann ein Schlupfloch für den Unternehmerehegatten bietet, Vermögen in seinen nicht ausgleichspflichtigen Bereich zu verschieben und damit den anderen Ehegatten im Rahmen einer Scheidung schlechterzustellen. Er kann nämlich nach einer Trennung vom ausgleichspflichtigen Vermögen Geld auf sein Betriebskonto überweisen. Damit wäre dieses Vermögen nicht mehr ausgleichspflichtig.

Achtung, Schlupfloch!

Hier kann man allerdings eine Schranke einbauen, wenn sämtliche Überweisungen, welche bis zu zwei Jahre vor der Scheidung gelaufen sind, daraufhin überprüft werden, ob und inwieweit sie für den Betrieb tatsächlich notwendig waren.

Schranke

Man kann diese Schranke aber auch so formulieren, dass alle Zahlungen in den Betrieb aus dem Familienvermögen bis zu zwei Jahre vor der Scheidung grundsätzlich ausgleichspflichtig sind.

Unterhalt

Bei unterhaltsrechtlichen Vereinbarungen im Ehevertrag eines Unternehmers kann zuerst einmal auf die oben getätigten Ausführungen gerade in Bezug auf den Betreuungsunterhalt verwiesen werden.

Aber selbst wenn keine Kinder aus der Ehe hervorgehen, sind die Ehegatten oftmals nicht so frei, beispielsweise einen Unterhaltsverzicht zu vereinbaren.

Vollständiger Unterhaltsverzicht schwierig

Gerade wenn die Ehefrau im Unternehmen gegen ein geringes Entgelt mitarbeitet, würde ein vollständiger Unterhaltsverzicht ihrerseits neben dem Ausschluss des betrieblichen Vermögens aus dem Zugewinnausgleich bzw. der Vereinbarung einer Gütertrennung wohl von der Rechtsprechung nicht gebilligt werden.

Bei Mitarbeit des Ehegatten wäre es immer wünschenswert, dass er zu marktüblichen Konditionen angestellt wird, vor allem um zu gewährleisten, dass dieser Rentenanwartschaften in voller Höhe aufbauen kann. Die Möglichkeit wird es aber leider gerade in kleineren Betrieben oftmals nicht geben.

Eine Möglichkeit, beispielsweise einen Verzicht auf den Aufstockungsunterhalt wirksam zu gestalten, besteht darin, für den mitarbeitenden Ehegatten, der nur zu einem geringen Entgelt angestellt ist, als Ausgleich für die Mithilfe eine Lebensversicherung abzuschließen und aufzubauen, um ihm im Falle einer Scheidung zumindest eine gewisse Absicherung zu bieten.

Alternative: Lebensversicherung

Versorgungsausgleich

Auch im Rahmen des Versorgungsausgleichs müssen bestimmte Umstände bei Unternehmen genauestens berücksichtigt werden.

Hierzu gehört vor allem, dass ein Unternehmer zumeist seine Altersvorsorge über Kapitallebensversicherungen abdeckt. Diese werden aber nicht im Rahmen des Versorgungsausgleichs ausgeglichen, vielmehr fallen solche Kapitallebensversicherungen in den Zugewinnausgleich.

Altersvorsorge

Sollte also Gütertrennung vereinbart sein, muss hier auf jeden Fall ein Ausgleich zugunsten des Nichtunternehmer-Ehegatten geschaffen werden.

Ausgleich notwendig!

Darüber hinaus ist zu beachten, dass der andere Ehegatte zumeist nicht selbständig tätig ist und damit in die Rentenversicherung einzahlt. Wenn der Unternehmer jetzt tatsächlich nur Kapitallebensversicherungen unterhält, wird dies dazu führen, dass im Rahmen eines ordentlichen Versorgungsausgleichs der Nichtunternehmer-Ehegatte einen Versorgungsausgleich aus seinen, vielleicht sogar auch noch sehr geringen Rentenanwartschaften an den Unternehmer leisten muss. Dies ist sicherlich auch nicht gewünscht, so dass der Versorgungsausgleich in diese Richtung auch ausgeschlossen werden kann und sollte.

Fazit

Umfassende Beratung

Insgesamt muss man aber sagen, dass gerade bei Eheverträgen mit Unternehmern eine umfassende, meist auch steuerliche Beratung notwendig ist, um alle Konsequenzen aus den ehevertraglichen Regelungen mit den Mandanten erörtern und dann auch die Wünsche umsetzen zu können.

Der erbende Ehegatte

Zielsetzung des erbenden Ehegatten

Schutz von Familienvermögen

Ein beliebter Grund, den Abschluss eines Ehevertrags anzustreben, ist das Vorhandensein von „Familienvermögen“. Darunter versteht man Vermögen, das zumeist bereits in mehreren Generationen in der Familie eines Ehegatten aufgebaut, erhalten und erweitert wurde. Dabei handelt es sich sehr oft um Immobilienvermögen, aber durchaus auch um größeres Firmenvermögen.

Der Kontakt mit einem fachkundigen Berater entsteht oft auf Veranlassung der Eltern eines Ehegatten. Diese beabsichtigen, Familienvermögen an das Kind weiterzugeben bzw. das Kind möchte nun heiraten und hat bereits größeres Vermögen erhalten. Dieses Vermögen soll vor einer Scheidung geschützt werden.

Vermögen / Güterstand

Folgen des gesetzlichen Güterstands der Zugewinngemeinschaft

Ohne eine ehevertragliche Regelung würde dieses Familienvermögen bei einer Scheidung in den Zugewinnausgleich fallen. Es bestünde damit die Gefahr, dass aus dem Familienvermögen ein Ausgleich zu zahlen ist. Da aber gerade bei Immobilien im Normalfall nicht davon auszugehen ist, dass ein etwaiger Ausgleichsbetrag aus dem Wert der Immobilie in gleicher Höhe auf dem Bankkonto zu finden ist, kann es geschehen, dass ein Teil des Vermögens verkauft werden muss, um den Ausgleichsanspruch des anderen Ehegatten zu befriedigen.

Zugewinnausgleich vermeiden

Insoweit muss man auch sehen, dass die Wertsteigerung gerade bei Immobilien oftmals einfach durch die Steigerung der Bodenverkehrswerte in der entsprechenden Lage erfolgen. Eine Mitarbeit der Ehegatten, die zu dieser Wertsteigerung führt, liegt oftmals nicht vor. Die Ehegatten bemühen sich zwar oft, die Gebäude zu erhalten. Dies birgt aber meistens keine Wertsteigerung in sich, vielmehr wird der Wert des Gebäudes auf gleichbleibendem Niveau gehalten.

Immobilien

Im Rahmen der Scheidung würde das Familienvermögen zum Zeitpunkt der Hochzeit und zum Zeitpunkt der Scheidung mit dem Verkehrswert bewertet und durch ein Verkehrswertgutachten nachgewiesen werden. Sachverständigengutachten bergen immer die Gefahr, dass man sich hierüber trefflich streiten kann. Je nachdem, wer dem Sachverständigen den Auftrag erteilt, wird ein entsprechendes Gutachten erhalten. Dies soll nun nicht bedeuten, dass Sachverständige ihre Gutachten falsch erstellen und dies auch noch auf Auftrag hin. Es ist aber durchaus so, dass im Rahmen von Verkehrswertgutachten gerade für

Sachverständigengutachten

Immobilien dem Sachverständigen sehr viele Möglichkeiten obliegen, berechtigterweise Schräubchen zu drehen, die den Verkehrswert auf der einen Seite erhöhen, auf der anderen Seite aber auch verringern können.

Sonderstellung des ererbten oder geschenkten Vermögens

Ungerechtfertigte Ergebnisse

In Bezug auf das geerbte oder auch geschenkt erhaltene Familienvermögen hat der Gesetzgeber bereits selbst gesehen, dass die Einstellung des Familienvermögens lediglich zum Zeitpunkt der Scheidung zu ungerechtfertigten Ergebnissen führt.

Würde ein Ehegatte während der Ehe eine Immobilie geschenkt erhalten, so würde im Rahmen der Scheidung bei der Zugewinnausgleichsberechnung ganz grundsätzlich sein Anfangsvermögen mit Null angesetzt werden, im Endvermögen würde die Immobilie mit ihrem vollen Wert stehen.

BEISPIEL

Nehmen wir an, die Immobilie ist € 600.000 wert, so müsste der Immobilienbesitzer – gehen wir davon aus, dass kein weiteres Vermögen vorhanden ist – € 300.000 Zugewinnausgleich an seinen Ehegatten bezahlen.

Da das Hinzukommen der Substanz zum Vermögen des Ehegatten aber nicht durch die Ehe veranlasst ist, die Ehe diesen Zuwachs an Vermögen vor allem nicht erwirtschaftet hat, hat der Gesetzgeber in § 1374 Abs. 2 BGB bestimmt, dass solches Vermögen, welches also von Todes wegen oder mit Rücksicht auf ein künftiges Erbrecht durch Schenkung oder als Ausstattung erworben wird, dem Anfangsvermögen hinzuzurechnen ist.

BEISPIEL

Wenn in unserem Beispiel also die Immobilie bei Schenkung € 500.000 wert war, würde sich der Zugewinn nur noch in der Höhe von € 100.000 berechnen, so dass der beschenkte Ehegatte dem anderen Ehegatten nur noch € 50.000 auszahlen müsste.
Es wird also nicht der komplette Wert der Immobilie, sondern nur die Wertsteigerung ausgeglichen.

Modifizierung der Zugewinngemeinschaft oder Gütertrennung

Partizipation des Partners unerwünscht

Aber selbst der Ausgleich dieser Wertsteigerung wird von sehr vielen Ehepartnern zwischenzeitlich als unbillig angesehen, da eben der andere Ehegatte bei dieser Wertsteigerung zumeist nicht mitgeholfen hat. Aus diesem Grunde wird oftmals gewünscht, dieses Familienvermögen vollständig aus den güterrechtlichen Regelungen im Rahmen der Scheidung herauszunehmen.

Man kann sich also die Frage stellen, ob den Ehegatten nun die Gütertrennung oder die sogenannte modifizierte Zugewinngemeinschaft empfohlen werden soll.

Lösung

Da der Wunsch der Ehegatten zumeist lautet, lediglich das Familienvermögen zu schützen, eigens erwirtschaftetes Vermögen aber durchaus im Rahmen einer Scheidung auszugleichen, ist in den meisten Fällen die sogenannte Modifizierung der Zugewinngemeinschaft die beste Lösung.

Im Rahmen der Modifizierung wird also das Familienvermögen genau benannt und aus der Zugewinngemeinschaft herausgenommen.

TIPP

Darüber hinaus sollte zusätzlich eine allgemeine Klausel dahingehend aufgenommen werden, dass auch darüber hinaus geschenkt erhaltenes und ererbtes Familienvermögen aus der Zugewinngemeinschaft gestrichen wird. Ansonsten müssten nämlich die Ehegatten bei jeder weiteren Schenkung und bei jedem weiteren Erbe den Ehevertrag ergänzen. Das kann man sich mit einer solch allgemeinen Klausel durchaus ersparen.

Surrogate

Ebenfalls ist aufzunehmen, dass Surrogate aus der Zugewinngemeinschaft herausgenommen werden. Darunter versteht man Ersatzgegenstände, die für das ursprüngliche Familienvermögen angeschafft werden. Beispielsweise kann es passieren, dass eine Immobilie verkauft wird. Der Erlös auf einem Bankkonto des Ehegatten ist ebenfalls aus der Zugewinngemeinschaft herauszunehmen. Auch eine weitere Immobilie, die mit diesem Erlös bezahlt wird, wird im Rahmen der Berechnung des Zugewinnausgleichs nicht berücksichtigt.

Behandlung von Erträgen

Von den Erträgen, und damit bei Immobilien von den Mieteinnahmen, wird die Familie im Normalfall leben.

Diese Erträge fließen also grundsätzlich zuerst einmal in die Familienkasse. Vermögen, welches auch mit Hilfe dieser Erträge seitens der Ehegatten erwirtschaftet wird, wird im Rahmen der modifizierten Zugewinngemeinschaft ausgleichspflichtig, wenn die Erträge nicht auch aus der Zugewinngemeinschaft herausgenommen sind.

Rücklagenkonto

Es sollte von den Ehegatten überlegt werden, ob beispielsweise ein Rücklagenkonto für die Immobilie geschaffen wird. Auf dieses Rücklagenkonto werden aus den Erträgen vor Überweisung in die Familienkasse Zahlungen geleistet, damit die Immobilie repariert und instand gehalten werden kann. Dieses Rücklagenkonto wäre dann ebenfalls nicht ausgleichspflichtig.

Außerdem sollte man sich überlegen, was mit solchen Erträgen geschehen soll, die einmal in die Familienkasse geflossen sind, dann aber in die Immobilie reinvestiert werden. Dies kann z.B. einmal passieren, wenn größere Reparaturen notwendig werden, die nicht allein aus dem Rücklagenkonto geleistet werden können.

Reinvestitionen

Hier besteht die Möglichkeit, diese Gelder ausgleichspflichtig zu stellen. Diese Gelder würden also dem Ehegatten, dem das herausgenommene Vermögen gehört, im Rahmen des Endvermögens wieder zugerechnet werden.

Die Ehegatten können aber auch bestimmen, dass diese Reinvestitionen nicht ausgleichspflichtig sind. Dann sollte aber eine gewisse Schutzschranke geschaffen werden. Diese Regelung wäre ein perfektes Schlupfloch, um Gelder zu verschieben. Der ausgleichspflichtige Ehegatte könnte hierüber nämlich eigentlich ausgleichspflichtiges Vermögen in seine Immobilie reinvestieren und damit seine Ausgleichspflicht reduzieren. Eine übliche Schranke stellt insoweit eine Regelung dahingehend dar, dass alle Reinvestitionen bis zu zwei Jahre vor der Scheidung ausgleichspflichtig sind.

Schutzschranke wichtig!

Unterhalt / Versorgungsausgleich

Besondere Regelungen im Bereich von Unterhalt oder Versorgungsausgleich gibt es für den erbenden Ehegatten grundsätzlich nicht. Insoweit kann auf die bisherigen Ausführungen ab Seite 80 ff und Seite 87 ff verwiesen werden.

Miet-einnahmen

Lediglich im Bereich des Unterhalts könnte man noch daran denken, die Erträge und damit die Mieteinnahmen aus dem herausgenommenen Vermögen auch als Berechnungsgrundlage für Unterhaltsberechnungen zu streichen.

Überprüfung durchs Gericht

Eine solche Herausnahme wird aber wohl in der Rechtsprechung nur bei sehr guten Einkommensverhältnissen akzeptiert werden. Eine Überprüfung wird vor allem dann durch das Gericht vorgenommen werden, wenn Betreuungsunterhalt zu bezahlen ist, also minderjährige Kinder im Haushalt leben. Die sonstigen Einkommensverhältnisse müssen dann schon sehr gut sein, um davon ausgehen zu können, dass Betreuungsunterhalt in angemessener Höhe an den betreuenden Ehegatten gezahlt wird, obwohl man die Erträge und damit die Mieteinnahmen nicht berücksichtigt. Für Otto Normalverbraucher wird eine solche Regelung grundsätzlich nicht empfohlen.

Die binationale Ehe

Auch in der Beratung nehmen Ehen mit Auslandsberührung immer mehr zu. Dabei kann man an eine Ehe zwischen einem deutschen und einem anderen Staatsangehörigen denken, wobei aber beide Eheleute in Deutschland leben. Genauso gut ist denkbar, dass zwei fremde Staatsangehörige in Deutschland leben, die aber die gleiche Staatsangehörigkeit haben. Es kommt aber auch immer öfter vor, dass zwei unterschiedliche Staatsangehörige in einem dritten Land, beispielsweise in Deutschland, zu Hause sind.

Das Problem der Kollision verschiedener Rechtsordnungen

Bei allen Konstellationen, bei denen eventuell eine fremde Rechtsordnung die auf die Ehe anzuwendenden Regelungen mitbestimmen könnte, muss vor jeglichen Überlegungen zu einzelnen Regelungen in einem Ehevertrag überprüft werden, welches Recht überhaupt auf diese Ehe anwendbar ist, das deutsche oder das ausländische.

Keine einheitlichen Regelungen

Dabei besteht die Gefahr der Kollision verschiedener Rechtsordnungen, die leider bis heute zu keiner einheitlichen zufriedenstellenden Regelung führen muss. Nicht einmal innerhalb der Europäischen Union existieren solche einheitlichen Regelungen. Es gibt zwar immer wieder Bestrebungen, bestimmte Bereiche im Familienrecht zu vereinheitlichen. Diese Bestrebungen hatten bisher aber zumeist nur im Bereich des Verfahrensrechts Erfolg. Hier gibt es Verordnungen, die grundsätzlich regeln, welches Gericht in welchem Land für die Ehescheidung oder die Bestimmung des Unterhalts zuständig ist. Aber schon für eine Regelung des Vermögens findet man eine entsprechende länderübergreifende Zuständigkeitsregelung nicht mehr. Auch haben nicht alle Länder innerhalb der EU diese Verordnungen ratifiziert, womit sie also nicht einmal im Verhältnis aller EU-Länder zueinander gelten.

Welches Gericht zuständig?

Neben der Frage, welches Gericht zuständig ist, stellt sich als nächstes die Frage, nach welchem materiellen und damit inhaltlichen Recht eine familienrechtliche Regelung überhaupt überprüft werden muss.

Auch hier sucht man oft vergebens nach länderübergreifenden verbindlichen Regelungen, sei es in einem Staatsvertrag oder in einer EU-Verordnung.

Versuche, zumindest einen Teil des Familienrechts zu regeln, liefen unter der sogenannten Rom-III-Verordnung, die aber nie verabschiedet wurde. Nun haben sich 13 europäische Länder, darunter auch Deutschland, zu einer verstärkten Zusammenarbeit im Bereich des materiellen Scheidungsrechts und damit der Frage, nach welchem Recht die Scheidung ausgesprochen wird, zusammengetan. Diese Zusammenarbeit soll zu einer Verordnung führen.

EuUnterhalts VO

Bereits verabschiedet ist die EuUnterhaltsVO, die nach bisherigem Kenntnisstand voraussichtlich zum 18.6.2011 in Deutschland in Kraft treten wird. Sie wird für Unterhaltsangelegenheiten mit Bezug zum Ausland maßgeblich sein. Sie regelt die Fragen der internationalen und örtlichen Zuständigkeit, die Anerkennung und Vollstreckung von Entscheidungen in Unterhaltssachen, die Verfahrenskostenhilfe sowie die Frage des anzuwendenden materiellen Rechts.

Weitere Verordnungen sind derzeit aber wohl nicht in Planung.

Bilaterales Übereinkommen

In einem bilateralen Übereinkommen haben Deutschland und Frankreich zumindest nun einen Güterstand geschaffen. Auf diesen können sich nicht nur Ehen berufen, bei der die Ehegatten Franzosen oder Deutsche sind. Vielmehr können auch zwei deutsche Staatsangehörige diesen Güterstand für sich wählen. Dies ist aber bisher mehr oder weniger die einzige rechtsübergreifende Möglichkeit im Bereich des Familienrechts.

Für den fachkundigen Berater bedeutet eine Auslandsberührung, dass er sich nicht nur mit dem deutschen nationalen Recht auskennen muss. Er muss Kenntnisse im deutschen internationalen Recht und wenn möglich auch aus dem betroffenen ausländischen Recht haben.

Ausführliche Beratung wichtig

Der Bereich an sich ist unglaublich ausufernd. Es würde den Umfang dieses Buches bei Weitem sprengen, auf alle Rechtsordnungen, und sei es nur die europäischen, einzugehen. Aus diesem Grunde ist wirklich anzuraten, sich bei einem Ehevertrag mit binationalem Bezug gut und im Detail beraten zu lassen.

Folgend sollen ein paar kurze Erläuterungen zum deutschen internationalen Familienrecht erfolgen, die die Sicht aus dem deutschen Recht heraus darstellen.

Grundzüge des deutschen internationalen Familienrechts

Lediglich innerdeutsche Regelungen

Zuerst einmal ist wichtig zu wissen, dass das deutsche internationale Recht entgegen seinem Wortlaut kein international abgestimmtes Recht ist. Es handelt sich dabei um lediglich innerdeutsche Regelungen, die für Deutschland bestimmen, wie Deutschland sich verhält, wenn Sachverhalte mit Auslandsbezug vorliegen. Ob nun die ausländische Rechtsordnung, die in diesem Fall ebenfalls betroffen wäre, die Regelung ebenso sehen würde, muss dann im internationalen Recht der betroffenen ausländischen Rechtsordnung im Detail überprüft werden.

Das deutsche internationale Recht findet sich im Einführungsgesetz zum Bürgerlichen Gesetzbuch (EGBGB) in den Artikeln 13–24.

Ehewirkungsstatut

Der Einstieg in die Überprüfung eines binationalen Sachverhalts im Familienrecht erfolgt über die Ermittlung des sogenannten Ehewirkungsstatuts. Dieses Statut bestimmt grundsätzlich erst einmal alle Regelungen in Bezug auf die Ehe, das Güterrecht, den nachehelichen Unterhalt, Versorgungsausgleich, aber auch das Scheidungsrecht.

Art. 14 Abs. 1 Nr. 1 EGBGB regelt insoweit, dass immer das Recht jenes Staates anzuwenden ist, dem beide Ehegatten gemeinsam angehören.

BEISPIEL

Zwei italienische Staatsangehörige leben in München und heiraten auch dort. In diesem Fall gehören beide dem italienischen Staat an, so dass nach dem deutschen internationalen Recht das italienische Familienrecht auf diese Ehe anzuwenden wäre, obwohl beide in Deutschland leben.

Im Gegensatz dazu ist aber deutsches Recht anwendbar, wenn zwei deutsche Staatsangehörige in Italien leben und dort auch heiraten. Dann würde das deutsche internationale Familienrecht ebenfalls davon ausgehen, dass deutsches Recht anwendbar wäre, da ja beide Ehegatten die deutsche Staatsangehörigkeit haben.

Wenn keine gemeinsame Staatsangehörigkeit vorhanden ist, ist nach dem deutschen internationalen Recht auf den gemeinsamen Aufenthaltsort abzustellen, Art. 14 Abs. 1 Nr. 2 EGBGB.

BEISPIEL

Leben also eine italienische Staatsangehörige und ein französischer Staatsangehöriger gemeinsam in München, so ist nach dem deutschen internationalen Recht das deutsche Familienrecht anwendbar. Die beiden haben keine gemeinsame Staatsangehörigkeit, haben aber ihren gemeinsamen Aufenthaltsort in München und damit in Deutschland.

Lebt hingegen eine deutsche Staatsangehörige mit einem US-amerikanischen Staatsangehörigen in den USA und heiratet auch dort, ist nach dem deutschen internationalen

Familienrecht das US-amerikanische Recht des entsprechenden Bundesstaates auf diese Ehe anzuwenden.

Abänderbarkeit von Regelungen des deutschen internationalen Rechts

Güterrecht

Aus diesem einmal zum Zeitpunkt der Eheschließung festgehaltenen maßgeblichen nationalen Familienrecht gibt es Wahlmöglichkeiten bzw. ist dieses Recht unter bestimmten Umständen vom Gesetz her wandelbar.

Wahlmöglichkeiten

Im Bereich des Güterrechts gibt es nach dem deutschen internationalen Familienrecht eine Wahlmöglichkeit. So können die Ehegatten das Recht jenes Staates wählen, dem einer von beiden angehört. So könnten beispielsweise die italienische Staatsangehörige und der französische Staatsangehörige, obwohl sie in Deutschland leben, einen italienischen oder einen französischen Güterstand als für ihre Ehe maßgeblich wählen.

Güterrecht

Ebenfalls besteht die Wahlmöglichkeit für das Recht eines Staates, in dem einer der beiden Ehegatten seinen gewöhnlichen Aufenthalt hat. Damit können auch die zwei in München lebenden Italiener einen deutschen Güterstand als für ihre Ehe maßgeblich wählen.

Diese Wahl muss notariell beurkundet werden, ansonsten ist sie nicht rechtswirksam.

Unterhalt

Die Wahl im Bereich des Güterrechts ist aber die einzige Möglichkeit, von den bindenden gesetzlichen Bestimmungen des EGBGB abzuweichen.

Dies macht Vereinbarungen in Bezug auf den Unterhalt bei Ehen mit ausländischem Bezug besonders schwierig.

Recht des gewöhnlichen Aufenthalts

Für nachehelichen Unterhalt, aber auch Kindesunterhalt, schreibt das EGBGB vor, dass das Recht des gewöhnlichen Aufenthalts maßgeblich ist. Damit kann das Recht also wandelbar sein.

Für unsere italienisch-französische Ehe hatten wir festgestellt, dass das deutsche nationale Familienrecht Anwendung findet. Damit ist auch der Unterhalt nach dem deutschen Familienrecht zu bestimmen.

Komplizierte Konstellationen

Geht nun die italienische Ehefrau mit ihren Kindern zurück nach Italien, verlegt sie als Unterhaltsberechtigte ihren gewöhnlichen Aufenthalt nach Italien. Damit ist nach dem deutschen EGBGB nun für die Bestimmung des Unterhalts sowohl für die Ehefrau als auch für die Kinder das italienische Familienrecht zuständig.

Eine Problematik entsteht nun, wenn die beiden in Deutschland einen Ehevertrag mit unterhaltsrechtlichen Vereinbarungen nach deutschem Recht geschlossen haben, welche im Zweifelsfalle im italienischen Recht nicht bekannt sind und daher vielleicht auch nicht anerkannt werden.

Eine Wahlmöglichkeit zu einem bestimmten Recht, beispielsweise dem deutschen Unterhaltsrecht, enthält das Gesetz nicht.

Im Übrigen wird die Konstellation noch interessanter, wenn die Ehe unserer italienisch-französischen Ehegatten in Deutschland nach deutschem Scheidungsrecht geschieden wird. Dies müsste aufgrund der Hochzeit in Deutschland und dem gemeinsamen Aufenthalt zu diesem Zeitpunkt tatsächlich hier nach deutschem Recht erfolgen, auch wenn die italienische Ehefrau zwischenzeitlich wieder zu sich nach Hause gegangen ist.

Dann bestimmt das deutsche internationale Familienrecht, dass der nacheheliche Unterhalt dem Recht der Scheidung folgt und damit zukünftig nach deutschem Recht zu regeln ist. Leben die gemeinsamen Kinder weiterhin in Italien, ist der Kindesunterhalt aber weiter nach italienischem Recht zu berechnen.

Bindende abweichende Regelungen sind in diesen Situationen nur in Kenntnis der anderen betroffenen Rechtsordnung und nur in ganz engen Grenzen möglich.

Die Ehe als Steuersparmodell

Güterstandsschaukel

Wechsel des Güterstands

Der Begriff Güterstandsschaukel beschreibt das Szenario, dass Ehegatten mittels eines Ehevertrags aus dem Güterstand der Zugewinngemeinschaft in den Güterstand der Gütertrennung eintreten, die Zugewinnausgleichsberechnung durchführen, den Ausgleichsanspruch also entstehen lassen, um dann kurze Zeit später wieder in den Güterstand der Zugewinngemeinschaft zu wechseln.

Dies hat folgenden Hintergrund, welcher anhand eines Beispiels erläutert werden soll:

BEISPIEL

Martin (M) und Fiona (F) haben zwei Kinder, Karl und Klara. Die beiden Kinder sind erwachsen, haben selber Familien und stehen mitten im Leben. F besitzt Vermögen von über € 2 Mio. und überlegt, dieses Vermögen bereits zu Lebzeiten auf ihre Kinder übergehen zu lassen.
Ihre Kinder haben ihr gegenüber einen steuerlichen Freibetrag im Rahmen der Schenkungsteuer von jeweils € 400.000. Bei einem Vermögen von € 2 Mio. reichen die Freibeträge also auf keinen Fall aus.

Die Kinder hätten aber auch gegenüber M Freibeträge in Höhe von jeweils € 400.000. M besitzt aber kein eigenes Vermögen.
Nun kommt die Überlegung auf, dass F an M Vermögen überträgt, welches er eines Tages dann an die Kinder mit einem Freibetrag in Höhe von ebenfalls jeweils € 400.000 vererben kann.
Aber auch die Schenkung von F an ihren Ehemann M ist grundsätzlich schenkungsteuerpflichtig. M hat einen Freibetrag gegenüber seiner Ehefrau F in Höhe von € 500.000.
M und F lassen sich von einem versierten Berater, der sich im Familien-, Erb- sowie Steuerrecht gut auskennt, beraten. Dieser teilt ihnen mit, dass für M und F vielleicht die sogenannte Güterstandsschaukel einen steuerlichen Vorteil bringen könnte.
M und F leben im Güterstand der Zugewinngemeinschaft. Sie haben bis dato keinen Ehevertrag geschlossen gehabt. Ein etwaiger Ausgleichsanspruch von M gegenüber F auf Ausgleich des Zugewinns ist nach § 5 ErbStG nicht steuerpflichtig, er wird dort gerade explizit von der Schenkungsteuer freigestellt.
M und F schließen also vor einem Notar einen Ehevertrag, in welchem sie in den Güterstand der Gütertrennung eintreten. Die Zugewinnausgleichsberechnung wird durchgeführt, M hat einen Zugewinnausgleichsanspruch gegenüber seiner Ehefrau in Höhe von € 500.000. Zum Ausgleich des Zugewinns überträgt F ihm Vermögen in Höhe von € 500.000. Der Übertrag dieses Vermögens ist nach § 5 ErbStG schenkungsteuerfrei, insbesondere wird der Freibetrag des Ehemannes M nicht angetastet. F kann also jederzeit weiteres Vermögen an M unter Berücksichtigung des vollen Freibetrags unter Ehegatten übertragen.
Einige Zeit später gehen M und F wieder zum Notar und wechseln per Ehevertrag wieder in den Güterstand der Zugewinngemeinschaft.

Diese Konstellation war sehr lange umstritten und wurde vor allem von den Finanzämtern und auch von den Finanzgerichten zuerst auch nicht anerkannt. Diese haben sich immer wieder darauf berufen, dass durch den Wechsel von einem Güterstand in den anderen und dann wieder zurück, Steuertatbestände umgangen werden sollen. Die Verträge wurden nicht anerkannt, die Zugewinnausgleichszahlung nicht steuerfrei gestellt. Der BFH hat nun aber schon vor einigen Jahren mit diesen Entscheidungen aufgeräumt und bestimmt, dass die Güterstandsschaukel zu akzeptieren ist, sie also keine Umgehung von Steuertatbeständen darstellt. Der BFH hat insoweit ausgeführt, dass das Steuerrecht anerkennen muss, was das Familienrecht ohne Weiteres gestattet.

Von BFH akzeptiert

In dieser Konstellation ist es wichtig, dass der Ausgleichsanspruch so hoch wie möglich ist. Waren die Ehegatten nun schon vorher bei einem Notar und haben bestimmte Vermögensgegenstände aus der Zugewinngemeinschaft herausgenommen, so würden diese bei der Berechnung des Zugewinnausgleichsanspruchs auch nicht berücksichtigt werden. Das ist in diesem Falle, in welchem man gerade eine möglichst hohe steuerfreie Summe übertragen möchte, ungünstig.

Ausgleichsanspruch so hoch wie möglich

Deshalb wird dringend angeraten, auch aus diesem Grund die Herausnahme von Vermögensgegenständen im Rahmen einer modifizierten Zugewinngemeinschaft erfolgen zu lassen und nicht in die Gütertrennung einzutreten. Im Rahmen der Modifizierung kann nämlich geregelt werden, dass die Herausnahme nur für den Fall der Scheidung erfolgen soll. Bei Beendigung des Güterstands auf andere Art und Weise, hier eben durch Eintritt in die Gütertrennung, gilt dann die Herausnahme nicht.

Modifizierte Zugewinngemeinschaft von Vorteil

Eine solche Einschränkung, also eine Art bedingter Eintritt in die Gütertrennung, welche nur für die Scheidung gelten soll, ist nicht möglich.

Dieses Steuerschlupfloch sollte man also im Rahmen der Modifizierung auf jeden Fall offen lassen.

Steuerersparnis bei Tod eines Ehegatten

Wenn die Ehegatten über das Thema Herausnahme von Vermögensgegenständen durch die Modifizierung der Zugewinngemeinschaft oder durch Eintritt in die Gütertrennung diskutieren, sollten sie auch Folgendes beachten:

Zugewinnausgleich steuerfrei

Wie gerade erläutert, ist nach § 5 ErbStG die Zugewinnausgleichszahlung steuerfrei. Dies gilt aber nicht nur bei einem tatsächlichen Ausgleich des Zugewinns unter lebenden Ehegatten.

Auch der Zugewinnausgleichsanspruch eines Ehegatten, der durch den Tod des anderen Ehegatten entsteht, ist nach § 5 ErbStG steuerfrei gestellt.

Erbrechtlich wird der Zugewinn des überlebenden Ehegatten durch die pauschale Erhöhung des gesetzlichen Erbteils von einem Viertel um ein weiteres Viertel ausgeglichen, der überlebende Ehegatte, der den Güterstand der Zugewinngemeinschaft lebt, erhält also als gesetzliches Erbrecht die Hälfte der Erbschaft.

Erbschaftsteuerlich bestimmt § 5 ErbStG aber nun, dass der Zugewinn exakt berechnet und dieser Betrag steuerfrei gestellt wird, der restliche Nachlass ist steuerpflichtig.

Der Ehegatte, der in der Gütertrennung lebt, muss im Gegensatz dazu den gesamten Nachlass versteuern, eine Steuerfreistellung eines bestimmten Betrags entsprechend § 5 ErbStG gibt es für ihn nicht.

Ausnahme Todesfall

Wenn also die Herausnahme von bestimmten Vermögensgegenständen aus der Ehe durch die Modifizierung der Zugewinngemeinschaft erfolgt, so ist bei der Formulierung dieser Modifizierung auf jeden Fall auch darauf zu achten, dass sie nicht für den Fall des Todes gelten soll, damit der steuerfreie Ausgleichsbetrag möglichst hoch gehalten werden kann.

Der „zweite Frühling"

Zielvorstellung

Zweit- oder Drittehe

Eine auch sehr oft vorkommende und zumeist mit ähnlichen Absichten erfolgende Beratung dreht sich um die Zweit- oder Drittehe von verwitweten oder geschiedenen Ehegatten. Diese heiraten im fortgeschrittenen Alter noch einmal. Ein Kinderwunsch besteht nicht mehr, oftmals haben die Ehegatten auch schon erwachsene Kinder. Im Normalfall stehen beide Ehegatten abgesichert auf eigenen Füßen, könnten sich also auch ohne Weiteres weiterhin allein unterhalten.

Das Vermögen oder Erbe ist oftmals schon geregelt, teilweise die Kinder bereits am Vermögen beteiligt.

Absicherung

Sinn und Zweck der Heirat ist zumeist die Absicherung des überlebenden Ehegatten durch die durch Heirat zustehende Witwenrente oder Witwenpension.

Ein Ehevertrag wird oftmals abgeschlossen, um das bisher erworbene Vermögen zu schützen und die bereits vorhandenen Kinder zu beruhigen, da ein neuer Ehegatte im Zweifelsfalle oftmals doch die bis dahin geordneten Verhältnisse durcheinanderbringt. Darüber hinaus soll aber der überlebende Ehegatte im Alter neben dem Erhalt der Witwenrente oder Witwenpension auch durch den Verbleib in der gewohnten Umgebung und damit in der gemeinsamen Immobilie abgesichert werden.

Unterhalt / Güterstand

Vertrag stets aktuell halten

Auf nachehelichen Unterhalt können die Ehegatten verzichten, soweit sie beide auf eigenen Füßen stehen und diese Stellung nicht mit der Ehe aufgeben. Bei Änderung der persönlichen Verhältnisse (Krankheit/Reduzierung der Erwerbstätigkeit) muss aber über eine Anpassung des Ehevertrags nachgedacht werden (siehe hierzu auch ab Seite 85 f).

Die Absicherung des Vermögens vor einer Scheidung auch für die nächste Generation ist durchaus ein Grund, eine Gütertrennung zu vereinbaren.

Versorgungsausgleich

Anwartschaften

Sollte ein Ehegatte deutlich jünger sein als der andere, muss im Rahmen des Versorgungsausgleichs folgender Umstand berücksichtigt werden: Der deutlich jüngere Ehegatte baut während der Ehezeit Versorgungsanwartschaften auf, der deutlich ältere Ehegatte, der vielleicht bei Eheschließung schon kurz vor Eintritt in das Rentenalter steht, erwirtschaftet kaum noch Anwartschaften.

Im Rahmen einer Scheidung in dieser Konstellation hätte der jüngere Ehegatte deutlich höhere Anwartschaften aufgebaut und wäre daher ausgleichspflichtig. Die Anwartschaften werden damit bei Eintritt des jüngeren Ehegatten in das Rentenalter gekürzt und bleiben auch grundsätzlich gekürzt, auch wenn der andere Ehegatte deutlich früher verstirbt.

Auch diesen Nachteil gilt es zu vermeiden. Ein Verzicht auf den Versorgungsausgleich stellt hierfür einen gangbaren Weg dar.

Ergänzende erbrechtliche Regelungen

Pflichtteilsverzicht

Soweit bereits einvernehmliche Regelungen in Bezug auf das Erbe eines Ehegatten getroffen sind und der neue Ehegatte diese auch nicht mehr torpedieren möchte, bietet sich an, einen Pflichtteilsverzicht abzugeben.

Sollte die Immobilie, in der die Ehegatten wohnen, allerdings nicht im Miteigentum beider Ehegatten stehen, und sollte der überlebende Ehegatte die Immobilie im Falle des Todes nicht erhalten, empfiehlt es sich, den überlebenden Ehegatten durch die Einräumung eines Wohnrechts in dieser Immobilie als Vermächtnis im Rahmen einer Verfügung von Todes wegen abzusichern, damit er nach dem Tod des anderen Ehegatten lebenslang in der Immobilie leben kann.

BEISPIEL

Martin und Fiona sind beide über 60 und wollen in zweiter Ehe heiraten. Martin ist Eigentümer eines Einfamilienhauses, das er per Testament an seine Kinder weitergeben möchte. Diese Erbeinsetzung will er nicht mehr ändern. Fiona ist selbst vermögend und hat kein Interesse an dem Vermögen von Martin.
Beide schließen einen Ehevertrag, in dem sie gegenseitig auf Unterhalt und Versorgungsausgleich verzichten, und treten in den Güterstand der Gütertrennung ein.
Daneben erklärt Fiona einen Pflichtteilsverzicht. Martin ergänzt sein Testament um ein lebenslanges Wohnrecht für Fiona in seinem Einfamilienhaus.

Trennungs- und Scheidungsfolgenvereinbarung

Wie ganz zu Anfang des Kapitels schon einmal erwähnt, gibt es neben den sogenannten vorsorgenden Eheverträgen auch solche, die nach einer Trennung und zur Regelung der Scheidungsfolgen geschlossen werden.

Verbindliche Klärung

Das Gesetz gibt insoweit vor, dass alle notwendigen Folgesachen zu einer Scheidung im Rahmen der Scheidung verbindlich geklärt werden müssen. Hierzu zählen der Kindesunterhalt, der nacheheliche Unterhalt, das Vermögen, der Umgang und das Sorgerecht wie Ehewohnung und Hausrat. Diese Punkte sollten im Rahmen einer Trennungs- und Scheidungsfolgenvereinbarung angesprochen und geregelt werden.

Zum Thema Ehewohnung und Hausrat sowie Sorgerecht und Umgang wurde in diesem Buch bisher keine Erläuterungen gegeben, diese sind im Rahmen der Eheverträge zumeist auch nicht wesentlich, so dass sie hier auch nicht weiter erwähnt werden sollen.

Zielsetzung

Konkrete Regelungen möglich

Diese Verträge zwischen den Ehegatten werden in der akuten Trennungssituation geschlossen. Sie haben daher den Vorteil, dass sämtliche persönliche und finanzielle Umstände nun bekannt sind. Man kann in dieser Situation sehr konkrete Regelungen abschließen, da der Umstand der Trennung und Scheidung nun eingetreten ist. Bei diesen Vereinbarungen geht es also tatsächlich darum, die konkret vorhandenen Umstände in eine einzelfallbezogene Regelung aufzunehmen.

Unterhalt

Im Zusammenhang mit dem nachehelichen Unterhalt ist auch in der Situation der Trennung die Frage danach zu stellen, ob bzw. in welchem Umfang der betreuende Ehegatte bei gemeinsamen Kindern wieder arbeiten muss. Sollte eine Arbeitstätigkeit noch nicht aufgenommen sein, stellt sich natürlich auch die Frage, wann der betreuende Ehegatte hierzu verpflichtet wird.

Arbeitstätigkeit

Nachdem nun die konkreten und persönlichen Umstände bekannt sind, muss auf jeden Fall auch über die Begrenzung, d.h. höhenmäßige Reduzierung und Befristung, d.h. Beendigung des Unterhaltstatbestands, gesprochen und möglichst eine Vereinbarung getroffen werden.

Abfindung

Die beste Möglichkeit, den nachehelichen Unterhalt für beide Parteien zufriedenstellend zu lösen, stellt immer eine Abfindungslösung dar. Wenn also keine gemeinsamen Kinder vorhanden oder diese bereits aus dem Haus sind, sollte immer darüber nachgedacht werden, den nachehelichen Unterhalt in eine Abfindungssumme zu fassen und diese zu bezahlen, so dass damit das Thema Unterhalt für immer beendet ist. Dies setzt natürlich voraus, dass der unterhaltsverpflichtete Part auch in der Lage ist, eine solche Einmalzahlung überhaupt zu leisten.

Überschreibung einer Einkommensquelle

Sollten die Ehegatten in guten Einkommensverhältnissen leben, besteht vielleicht auch die Möglichkeit, dem berechtigten Ehegatten eine Einkommensquelle zu überschreiben, aus welcher der berechtigte Ehegatte seinen Unterhalt selbst finanzieren kann.

Diese beiden letztgenannten Möglichkeiten haben den Vorteil, dass die Ehegatten mit der Scheidung finanziell auch im Bereich des Unterhalts „auseinandergenommen“ sind, also auch im Bereich des Unterhalts keine Berührungspunkte mehr zwischen den Ehegatten bestehen. Damit wären insbesondere weitere Streitigkeiten in der Zukunft bestmöglich vermieden.

Vermögen

Mit Trennung und Einreichung der Scheidung gilt es, soweit nicht anderweitig vereinbart, den Zugewinnausgleich festzustellen und das tatsächlich gemeinschaftliche Vermögen auseinanderzusetzen.

Gesetzliche Regelung

Auskunft über Vermögen

Wenn die Ehegatten bis zur Trennung keine güterrechtliche Vereinbarung bei einem Notar getroffen haben, leben sie im Güterstand der Zugewinngemeinschaft. Dann muss mit der Scheidung das Vermögen im Zeitpunkt der Heirat sowie im Zeitpunkt der Zustellung des Scheidungsantrages von jedem Ehegatten beauskunftet werden.

Die so errechnete Ausgleichssumme wird im Rahmen der Trennungs- und Scheidungsfolgenvereinbarung festgehalten. Bestmöglich wäre es, wenn auch die Berechnungsgrundlagen Eingang in den Vertrag finden, so dass später keiner der Ehegatten den Vertrag aufgrund falscher Berechnungsgrundlagen anzweifeln kann.

Ratenzahlung

Sollte der verpflichtete Ehegatte nicht in der Lage sein, den Zugewinnausgleichsbetrag in einer Summe zu zahlen, kann in dem Vertrag auch eine Ratenzahlungsvereinbarung mit Zinspflicht für die verspätete Zahlung festgehalten werden.

Gemeinschaftliches Vermögen

Außerdem muss das gemeinschaftliche Vermögen auseinandergenommen werden.

Oftmals sind die Ehegatten gemeinsame Kontoinhaber von sämtlichen Sparkonten wie auch Depots. Das Familienwohnheim oder auch eine Kapitalanlage in Form einer Eigentumswohnung steht im hälftigen Miteigentum.

Diese Eigentumsverhältnisse gilt es im Rahmen der Scheidung auf jeden Fall zu klären. Es ist sicherlich sehr ungünstig, wenn man zerstrittene Ehegatten auch nach der Scheidung noch in gemeinsamen finanziellen Anlagen belässt. Die Erfahrung zeigt, dass die Ehegatten auch nach der Scheidung oft nicht in der Lage sind, über finanzielle Aspekte vernünftig zu reden.

Eigentum trennen

Ebenso gilt es daran zu denken, gemeinsame Verbindlichkeiten zu klären. Lastet beispielsweise auf der vermieteten Eigentumswohnung noch ein Darlehen, so sollte derjenige, der die Eigentumswohnung schlussendlich übernimmt, auch die Haftung für die gesamten Verbindlichkeiten übernehmen.

Verbindlichkeiten klären

Dies bedeutet, dass er im Außenverhältnis gegenüber der Bank versuchen muss, den Darlehensvertrag alleine zu übernehmen.

Im Rahmen der Trennungs- und Scheidungsfolgenvereinbarung ist im Innenverhältnis daran zu denken, dass der übernehmende Ehegatte den anderen Ehegatten von jeglicher Haftung gegenüber der Bank freistellt. Dies bedeutet, dass die Bank zwar an den nicht übernehmenden Ehegatten herantreten und Zins und Tilgung von ihm verlangen kann. Dieser Ehegatte kann aber dann gegenüber dem eigentlich haftenden Ehegatten dies wieder geltend machen, eben aus der Haftungsfreistellung aus der Trennungs- und Scheidungsfolgenvereinbarung.

Haftungsfreistellung

Verrechnung mit Zugewinnausgleich

Es ist grundsätzlich auch möglich, dass gegen Verrechnung mit dem Zugewinnausgleichsanspruch Vermögen auseinandergenommen wird.

BEISPIEL

Fiona und Martin lassen sich scheiden. Fiona hat einen Zugewinnausgleichsanspruch gegenüber Martin in der Höhe von € 100.000. Martin und Fiona sind Eigentümer je einer Hälfte einer Immobilie mit einem Wert in der Höhe von € 200.000.
Martin kann nur mit Einverständnis von Fiona den Zugewinnausgleichsanspruch in der Höhe von € 100.000 durch die Übertragung der hälftigen Immobilie an Fiona erfüllen. Damit ist der Zugewinnausgleichsanspruch bezahlt und gleichzeitig das gemeinsame Vermögen der Ehegatten auseinandergesetzt.

TIPP

Ehegatten sollten im Rahmen der Trennung und Scheidung auch immer daran denken, die Bezugsberechtigung bei Lebensversicherungen zu ändern. Im Zweifelsfalle steht nämlich in den Lebensversicherungen der Passus, dass der Ehegatte mit dem Namen XY nach dem Tod der Bezugsberechtigte sein soll. Dann ließe sich trefflich darüber streiten, ob mit dieser Formulierung auch der geschiedene Ehegatten XY gemeint ist. Um dies zu vermeiden, sollte man auf jeden Fall einen neuen Bezugsberechtigten mit Namen nennen und in den Vertrag aufnehmen lassen.

Versorgungsausgleich

Der Versorgungsausgleich kann, wie schon besprochen, ganz oder teilweise ausgeschlossen werden.

TIPP

Die Auskünfte über den Versorgungsausgleich sollten zuerst einmal eingeholt werden. Es lässt sich erfahrungsgemäß eine bessere Vereinbarung schließen, wenn jede Partei weiß, wovon sie redet. Gerade im Rahmen des Versorgungsausgleichs haben die Parteien doch zumeist keine Ahnung, in welcher Höhe während der Ehezeit Rentenanwartschaften erwirtschaftet worden sind.

Bis zum 1.9.2009 musste das Familiengericht einen solchen Versorgungsausgleichsverzicht dann genehmigen, wenn er innerhalb eines Jahres vor Stellung des Scheidungsantrags vereinbart wurde, was bei Trennungs- und Scheidungsfolgenvereinbarungen üblicherweise immer der Fall war. Dieses Genehmigungserfordernis ist weggefallen, das Gericht hat die Regelungen im Zusammenhang mit dem Versorgungsausgleich jetzt anhand der vom BGH aufgestellten Grundsätze zur Inhalts- und Wirksamkeitskontrolle zu überprüfen. Dies wurde in diesem Buch bereits ausführlich erläutert.

Gerichtliche Kontrolle

Kindesunterhalt

Auch im Rahmen einer Trennungs- und Scheidungsfolgenvereinbarung sind Regelungen zum Kindesunterhalt abweichend vom Gesetz grundsätzlich nicht möglich. Dabei kann natürlich eine Regelung dahingehend getroffen werden, dass ein höherer Kindesunterhaltsbetrag als der, der sich aus der Düsseldorfer Tabelle ergibt, bezahlt wird. Eine Reduzierung des Kindesunterhaltsbetrags ist aber nicht möglich.

Reduzierung nicht möglich

Nichtsdestotrotz muss der Kindesunterhalt bei Vorhandensein von Kindern in die Trennungs- und Scheidungsfolgenvereinbarung aufgenommen werden.

Zuerst einmal ist der Kindesunterhalt als notwendige Folgesache schon aus dem Gesetz heraus im Rahmen der Scheidung zu klären.

Zum anderen ergibt sich aus dieser Trennungs- und Scheidungsfolgenvereinbarung die Möglichkeit, den Unterhalt direkt zu vollstrecken, ohne ihn noch einmal einklagen zu müssen. Diese Möglichkeit muss auf jeden Fall ausgeschöpft werden.

Formen der Trennungs- und Scheidungsfolgenvereinbarung

Notarielle Beurkundung

Die Trennungs- und Scheidungsfolgenvereinbarung kann bei einem Notar im Rahmen einer notariellen Urkunde geschlossen werden. Dabei erarbeiten die Parteien zusammen mit einem Rechtsanwalt oder mit einem Notar die gewünschten Regelungen, der Notar setzt sie dann in der notariellen Urkunde um und beurkundet diese.

Gerichtliche Protokollierung

Die Regelungen können aber auch im Rahmen einer gerichtlich protokollierten Scheidungsfolgenvereinbarung getroffen werden. Dann vereinbaren die Parteien die Regelungen zusammen mit den sie jeweils vertretenden Rechtsanwälten. Die erarbeitete Vereinbarung wird dann während des Scheidungstermins durch das Gericht protokolliert und erlangt damit Wirksamkeit.

Gemeinsamkeiten

Verbindliche Regelungen

Beide Regelungen haben abschließenden Charakter für die notwendigen Scheidungsfolgensachen und sind daraus auch verbindlich.

Zahlungsverpflichtungen aus der Vereinbarung, beispielsweise im Zusammenhang mit Unterhalt oder Zugewinnausgleich, sind jeweils aus der Urkunde vollstreckbar. Bei der notariellen Urkunde müssen sich die Parteien der sofortigen Zwangsvollstreckung unterwerfen. Bei der gerichtlichen Protokollierung gilt dies aus dem Gesetz.

Vorteile

Die notarielle Urkunde ist dann vorzuziehen, wenn die Parteien einvernehmlich die Scheidungsfolgen regeln können und hierzu nur eine anwaltliche Vertretung benötigen.

Einvernehmlichkeit

Dann ist es zumeist kostengünstiger, mit einem Notar den Vertrag zu erarbeiten und diesen bei einem Notar beurkunden zu lassen.

Der eine Rechtsanwalt kann dann auch den von ihm vertretenen Ehegatten vor Gericht vertreten, der andere Ehegatte kann, solange nur noch vor Gericht die Scheidung ausgesprochen wird, ohne Anwalt zu Gericht gehen.

Wenn sich aber beide Ehegatten anwaltlich vertreten lassen, ist die kostengünstigere Variante zumeist die Erarbeitung durch die Rechtsanwälte im Vorfeld und die gerichtliche Protokollierung zum Scheidungstermin.

Exkurs: Ehe- und Erbvertrag

In der notariellen Praxis ist es durchaus üblich, bei Eheschließungen nicht nur ehevertragliche Regelungen zu treffen, sondern darüber hinaus auch Regelungen für den Todesfall in den Vertrag aufzunehmen. Zumeist werden diese erbrechtlichen Konsequenzen dann im Rahmen eines sogenannten Ehe- und Erbvertrags einheitlich beurkundet.

Regelungen für den Todesfall

Bei den Notaren erfolgt diese gemeinsame Beurkundung vor allem aus Kostengründen. Die gleichzeitige Beurkundung des Erbvertrags mit dem Ehevertrag ist nämlich kostenneutral, d.h. die Kosten, welche für den Ehevertrag beim Notar entstehen, werden durch die gleichzeitige zusammengefasste Beurkundung mit dem Erbvertrag nicht erhöht.

Gleichzeitige Beurkundung günstiger

Achtung!

Aus zwei Gründen sollte man aber durchaus vorsichtig sein und genau überlegen, ob man einen gekoppelten Ehe- und Erbvertrag in einer durchlaufenden Urkunde abschließen möchte.

Zum einen wird bis heute durchaus vehement in Literatur und Rechtsprechung diskutiert, ob die Sittenwidrigkeit des Ehevertrags auf den Erbvertrag durchschlägt.

Auch erbrechtliche Regelungen unwirksam?

Wenn der Ehevertrag nun im Rahmen eines gerichtlichen Verfahrens ganz oder teilweise für unwirksam erklärt wird, weil einzelne Klauseln oder der gesamte Vertrag der Inhalts- und Wirksamkeitskontrolle des Gerichts nicht standgehalten haben, stellt sich daran anschließend für manche Gerichte die Frage, was mit den erbrechtlichen Regelungen passieren soll.

Werden denn diese anhand der Inhalts- und Wirksamkeitskontrolle, die eigentlich nur für die Eheverträge vom Bundesgerichtshof entwickelt worden ist, überprüft? Oder werden die Regelungen beispielsweise in die vorzunehmende Gesamtabwägung in Bezug auf die Lastenverteilung des Vertrags miteinbezogen?

Aber selbst wenn die erbrechtlichen Regelungen im erbrechtlichen Teil nicht anhand der Maßstäbe der Inhalts- und Wirksamkeitskontrolle überprüft werden – Ehe- und Erbvertrag bleiben eine einheitliche Urkunde. Es stellt sich daher die Frage, ob bei einer Sittenwidrigkeit und damit Nichtigkeit des Ehevertragsteils diese schon allein deswegen auf den Erbvertragsteil durchschlägt, weil eine einheitliche Urkunde vorliegt und damit alle Teile der Urkunde nichtig sind.

Gerichtliche Entscheidung

So hat beispielsweise das Landgericht Ravensburg 2008 entschieden, dass der gekoppelte Erbvertrag ebenfalls sittenwidrig und damit nichtig ist. Dadurch ist die gesetzliche

Erbfolge eingetreten, ein Ergebnis also, das ursprünglich verhindert werden sollte.

Ein gekoppelter Ehe- und Erbvertrag setzt sich aber nicht nur der Gefahr der Sittenwidrigkeit aus.

Vertragsänderung schwierig

Dem beurkundenden Ehepaar muss auch deutlich vor Augen geführt werden, dass der Erbvertrag ein Vertrag ist, aus dem man nicht ohne Weiteres wieder aussteigen kann. Mit einem Erbvertrag wird zumeist schon in jungen Jahren eine Erbfolge bestimmt, ohne dass man weiß, wie sich die Zukunft entwickeln wird. Abänderungen dieses Erbvertrags sind nur mit größerem Aufwand möglich. Vor allem haben sie wiederum notariell zu erfolgen, wobei entsprechende Kosten entstehen. Oft wird der anfangs positive Effekt der Kostenneutralität bei Beurkundung von Ehe- und Erbvertrag in einer Urkunde durch eine oder mehrere spätere Abänderungen kompensiert oder sogar ins Negative geführt.

Alternative Testament

Oftmals reicht es aus, die Wünsche des meist jungen Ehepaars, das einen Ehevertrag abschließen will, im Rahmen eines gemeinschaftlichen handschriftlichen Testamentes umzusetzen. Dieses gemeinschaftliche handschriftliche Testament kann dann ohne Einhaltung großer Formerfordernisse jederzeit von den Ehegatten einvernehmlich handschriftlich abgeändert werden. Es fallen keine weiteren Notarskosten hierfür an.

Bei allen Überlegungen zu einem Ehevertrag spielen selbstverständlich erbrechtliche Fragen der Ehegatten eine wichtige Rolle. Dazu gehört vor allem also die Erläuterung der gesetzlichen Erbfolge und der Abänderungsmöglichkeiten dieser. Zu den Auswirkungen der Änderung des Güterstands auf das gesetzliche Erbrecht, also die Erb- und die Pflichtteilsquoten, wurde bereits in Kapitel 2 Stellung genommen.

Oftmals scheuen die Ehegatten genau diese Diskussion, in der man sich mit dem Tod des anderen auseinandersetzen muss. Häufig scheitert die Diskussion aber auch einzig und allein daran, dass die Ehegatten falsch informiert sind und beispielsweise dem sehr oft in der Öffentlichkeit vorkommenden, aber falschen Trugschluss aufgesessen sind, dass auch kinderlose Ehegatten sich gegenseitig gesetzlich zu 100 % beerben.

Güterstand entscheidend

Bei der Bestimmung der gesetzlichen Erbquoten eines Ehegatten kommt es wesentlich auf den Güterstand an, in welchem die Ehegatten verheiratet sind.

Zugewinngemeinschaft

Sind sie im Güterstand der Zugewinngemeinschaft verheiratet, erhält der kinderlose, überlebende Ehegatte drei Viertel der Erbschaft. Nach dem Gesetz steht ihm ein Erbrecht von 50 % zu, das noch um weitere 25 %, dem sogenannten pauschalen Zugewinnausgleich, erhöht wird.

Das letzte Viertel der Erbschaft geht an die Eltern des verstorbenen Ehegatten. Leben diese oder lebt auch nur einer von diesen beiden nicht mehr, so erben eventuell auch noch die Geschwister des verstorbenen Ehegatten.

Gütertrennung

Leben die kinderlosen Ehegatten im Güterstand der Gütertrennung, bekommt der überlebende Ehegatte 50 % der Erbschaft, die andere Hälfte geht an die Eltern, eventuell sogar Geschwister des verstorbenen Ehegatten.

Der überlebende Ehegatte befindet sich also zwangsweise auf einmal in einer Erbengemeinschaft mit seinen Schwiegereltern oder sogar Schwager oder Schwägerin. Dies kann zu durchaus größeren Verwerfungen führen, vor allem, wenn der verstorbene Ehegatte das Bindeglied der Familie war, der direkte Kontakt zwischen dem überlebenden Ehegatten und der Familie seines verstorbenen Partners also nicht besonders eng und gut war. Diese Situation gilt es sicherlich zu vermeiden.

TIPP

Diese manchmal sehr ungünstige und sicherlich auch von den meisten Ehegatten weder gewünschte noch bedachte Konstellation kann dadurch verhindert werden, dass die Ehegatten ein gemeinschaftliches handschriftliches Testament errichten, in dem sie sich gegenseitig als Alleinerben einsetzen.

Kinder

Sobald Kinder vorhanden sind, fallen die Eltern des verstorbenen Ehegatten aus der gesetzlichen Erbfolge heraus. Neben den Kindern ist dann der Ehegatte gesetzlich erbberechtigt. Die Höhe der Quote ergibt sich wiederum vor allem aus dem Güterstand, in welchem die Ehegatten leben.

Lebten sie im Güterstand der Zugewinngemeinschaft, erhält der überlebende Ehegatte gesetzlich die Hälfte der Erbschaft, die pauschal für den Zugewinnausgleich um ein weiteres Viertel erhöht wird. Die Kinder teilen sich die andere Hälfte der Erbschaft.

Im Güterstand der Gütertrennung erbt der überlebende Ehegatte neben einem Kind gesetzlich die Hälfte der Erbschaft, neben zwei Kindern ein Drittel und neben drei und mehr Kinder immer ein Viertel.

Nicht nur eheliche Kinder

Dabei ist darauf hinzuweisen, und auch dies ist weiten Teilen der Bevölkerung so nicht bewusst, dass es sich hierbei nicht nur um die ehelichen Kinder handelt. Alle leiblichen Kinder des Erblassers sind erbberechtigt und damit auch solche Kinder, die aus einer flüchtigen Beziehung oder einem sogenannten One-Night-Stand entstanden sind.

TIPP

Auch hier ist eine Regelung dringend notwendig, wenn gerade diese Kinder aus der Erbfolge ausgeschlossen werden sollen.

Exkurs: Testament, lebzeitige Übergabe, Familiengesellschaft

Was kommt ins Testament?

Gerechte Aufteilung

Bei der Ausgestaltung des Testaments sollten sich die Eltern darüber Gedanken machen, in welcher Weise das Vermögen einmal zu den Kindern gelangen wird. Dabei steht zunächst die gerechte Aufteilung unter den Kindern im Vordergrund. Gerechtigkeit heißt dabei nicht immer, dass jedes der Kinder von jedem Vermögensgegenstand, der den Eltern gehört, einmal die Hälfte erhalten soll.

Beispiel

Beispiel

Das Ehepaar M und V hat zwei Kinder. Der Sohn befindet sich während seines Studiums bereits das zweite Mal im Ausland und es ist absehbar, dass er nach seinem Abschluss auch nicht mehr „nach Hause“ zurückkehren wird. Die Tochter hingegen hat eine Lehre als Bankkauffrau begonnen und es ist bereits bekannt, dass sie von ihrem Ausbildungsbetrieb übernommen werden wird.

Das wesentliche Ehevermögen besteht in dem Haus, das beiden Eltern zur Hälfte gehört und das sie selbst bewohnen.

Die Eltern werden das Haus sicherlich so lange bewohnen wollen, solange es ihnen aus Altersgründen möglich ist. Wenn sie das Haus nicht verkaufen, um damit einen finanziellen Mehrbedarf im Alter abzudecken, soll dieses Haus einmal auf die beiden Kinder übergehen.

Aus dem bisherigen Lebenslauf der Kinder lässt sich unschwer entnehmen, dass der Sohn zu Hause bei den Eltern wohl niemals einen festen Wohnsitz einnehmen wird, während die Tochter bereits heute sesshaft geworden ist.

Gerechtigkeitsgedanke

Der Gerechtigkeitsgedanke legt nahe, dass beide Kinder einmal das Haus zu gleichen Teilen erhalten sollen. Zumindest würde man damit dem Gerechtigkeitsgedanken vermeintlich am besten Herr werden.

Aber diese Entscheidung führt letztendlich dazu, dass keiner der beiden alleine und ohne den anderen zu fragen in der Lage sein wird, hier eigenständige Entscheidungen zu treffen.

Am angenehmsten und einfachsten ist eine gerechte Aufteilung selbstverständlich, wenn weitere Vermögensgegenstände vorhanden sind. Dann könnte zum Beispiel der Sohn das Geldvermögen erhalten, während seine Schwester das Haus erhält. Allerdings wird nur in den wenigsten Fällen dabei eine Wertgleichhheit zu erreichen sein. Wenn bei den Eltern kein anderer Vermögensgegenstand vorhanden ist, muss man sich Gedanken darüber machen, wie man diese unterschiedlichen Werte unter den Geschwistern ausgleichen kann.

Ausgleichszahlungen

Als Lösungsmöglichkeiten kommen hier z.B. Ausgleichszahlungen durch die Schwester in Betracht. Um sie bezahlbar zu machen, sollte hier eine entsprechende Zahlung in Raten vereinbart werden.

Oder aber man vereinbart zwischen den Geschwistern, wie und zu welchen Bedingungen beispielsweise die Schwester im Haus bleiben darf. Dabei spielen verschiedene Faktoren eine wichtige Rolle, zum Beispiel die Höhe des Mietzinses und die Frage, welche Kosten die Schwester zu übernehmen hat. Gehören dazu nur die Kosten, die auch ein Mieter zu übernehmen hat, sogenannte umlegbare Betriebskosten zuzüglich Heizkosten, oder auch die Kosten für ordentliche Instandhaltungsmaßnahmen wie Fassadenanstrich oder außerordentliche Maßnahmen wie der Ausbau des Dachgeschosses?

Soweit diese Frage noch zu Lebzeiten der Eltern beantwortet wird, ist man auch in der Lage, hierüber eine vernünftige Entscheidung zu treffen.

Gemeinsame Lösungen

Dieser Fall lässt erkennen, wie wichtig es ist, mit der nachfolgenden Generation über die Nachfolgeplanungen zu sprechen und hier gemeinsame Lösungen zu finden.

Soll man schon zu Lebzeiten Schenkungen vornehmen?

Zum Zeitpunkt, zu dem man ein Testament erstellt, ist auch die Frage zu stellen, ob man schon zu Lebzeiten Schenkungen an die Kinder vornimmt. Die Übergabe soll selbstverständlich dazu dienen, eine mögliche Erbschaftsteuer zu minimieren. Sie soll aber auch die vorgenannten Gerechtigkeitsgedanken und damit verbunden eine optimierte Vermögensübergabeplanung beinhalten.

Dabei ist ein Gespräch innerhalb der Familie anzuraten, um die Bedürfnisse der einzelnen Kinder festzustellen.

TIPP

Zur Vorbereitung eines solchen Gesprächs empfiehlt es sich, ein Organigramm des Familienvermögens zu erstellen, um die Vermögensübergabe zu optimieren. Dabei sollten sich die Eltern auch überlegen, wie sie sich die Übergabe vorstellen – im Wesentlichen ist jedoch wichtig, dass sich die Kinder über ihre Wünsche klar werden.

Wenn Immobilienvermögen oder auch Bargeld geschenkt werden, ist es wichtig, sich über die Bedingungen, zu denen eine solche Schenkung erfolgen soll, im Klaren zu sein.

Bedingungen

Eine dieser Bedingungen ist die Frage, ob man sich diese Schenkung unter bestimmten Voraussetzungen wieder zurückholt.

Nachfolgend sollen nur einige dieser Voraussetzungen aufgeführt werden:

Voraussetzungen für Rückholung

- Veräußerung oder Belastung des Grundstücks durch den Erwerber ohne Zustimmung des Veräußerers;
- Antrag auf Teilungsversteigerung durch den Erwerber bei Miteigentum;
- Insolvenz des Erwerbers oder Zwangsvollstreckungsmaßnahmen durch einen Gläubiger des Erwerbers in das übergebende Grundstück;
- Vorversterben des Erwerbers vor dem Veräußerer;
- Ehescheidung des Erwerbers zu Lebzeiten des Veräußerers und gleichzeitiger damit verbundener Problematik, dass das geschenkte Vermögen in die Zugewinngemeinschaft fällt;
- Anordnung der Betreuung für den Bereich der Vermögenssorge für den Erwerber;
- Geschäftsunfähigkeit des Erwerbers.

Die beiden letzten Voraussetzungen, nämlich das Rücktrittsrecht für den Fall, dass für den Erwerber Betreuung für den Bereich der Vermögenssorge angeordnet wird bzw. der Erwerber grundsätzlich geschäftsunfähig wird, wird in den Beratungen oftmals gar nicht aufgenommen, geschweige denn angesprochen.

Die Wichtigkeit dieses Rücktrittsrechts soll an folgendem Beispiel deutlich gemacht werden:

Beispiel

Der Vater V hat einen Sohn S. Dieser ist verheiratet und hat zwei Kinder. V übergibt ihm zu Lebzeiten ein Mehrfamilienhaus.

Beispiel

S verunglückt bei einem Autounfall mit der Folge, dass er zeitlebens behindert und gleichzeitig geschäftsunfähig sein wird. Er ist damit nicht mehr in der Lage, seine Familie zu versorgen. Seine Ehefrau kann mit ihrem Einkommen den finanziellen Bedarf der Familie, der sich durch die Erkrankung des Ehemannes noch erhöht hat, nicht abdecken. Die Familie wird dadurch gezwungen, ihr bereits vorhandenes Vermögen aufzubrauchen und in der Zukunft auch sozialhilferechtliche Zahlungen in Anspruch zu nehmen.

Solange ein Sozialhilfeträger noch nicht auf das geschenkte Vermögen zurückgreifen kann, würden die Rücktrittsvoraussetzungen „Zwangsvollstreckungsmaßnahmen in das geschenkte Vermögen" nicht greifen.

Dennoch kann aber über die Geschäftsunfähigkeit bereits ein fremder Betreuer für die Verwaltung des Vermögens des Ehemannes eingesetzt worden sein. Dieser würde sicherlich auch die Verwaltung des geschenkten Mehrfamilienhauses übernehmen und im Laufe der Zeit auch den Verkauf dieses Hauses vollziehen, um sich zunächst ergebende Liquidationsprobleme aufzufangen.

Soweit die Eltern noch am Leben sind, müssen sie also zusehen, wie das Familienvermögen der Familie letztlich entzogen wird.

Mit Aufnahme der vorgenannten Rücktrittsrechte wird es den Eltern möglich scin, sich dieses bereits geschenkte Familienvermögen wieder zurückzuholen. Es wäre ratsam, im Anschluss daran das Mietshaus eventuell der Schwiegertochter oder den Enkelkindern zu übertragen. Damit ermöglicht man zumindest diesen Personen die finanzielle Absicherung.

Weitere Rücktrittsrechte

Die vorgenannten Rücktrittsrechte können nur beispielhaft sein und daher nicht abschließend. Selbstverständlich können auch weitere Rücktrittsrechte aufgenommen werden, die sich aus der individuellen Situation der Familie ergeben.

Rückauflassungsvormerkung

Bei der Übergabe von Immobilieneigentum erfolgt die Absicherung dieser Rücktrittsrechte über die Einräumung einer sogenannten Rückauflassungsvormerkung zugunsten der übergebenden Eltern, die dann auch entsprechend grundbuchrechtlich eingetragen wird.

Bargeld

Nicht minder wichtig ist die Vereinbarung von derartigen Rücktrittsrechten bei der Schenkung von Bargeld, wenngleich man sich natürlich darüber im Klaren sein muss, dass die Sicherheit für geschenktes Bargeld nur dann gewährleistet ist, wenn hierfür auch eine entsprechende Sicherheit gestellt werden kann.

Eine solche Sicherheit kann z.B. für den Fall eingeräumt werden, dass das Kind das Geldgeschenk seinerseits für den Kauf einer Immobilie verwendet. Hierzu wird es notwendig sein, die Geldschenkung schriftlich niederzulegen und eine Absicherung durch eine im Grundbuch der betreffenden Immobilie eingetragene Grundschuld erfolgen zu lassen.

Absicherung des Übergebers

Ein weiterer sehr wichtiger Aspekt ist die Frage, inwieweit die Eltern mit einer lebzeitigen Übergabe auch weiterhin ihre eigene Versorgung absichern.

Gerade bei der Übergabe einer Immobilie wird das Eigentum auf das zu übergebende Kind übertragen und steht daher z.B. für einen Verkauf durch den Übergeber nicht mehr zur Verfügung.

Ob es sich nun um den Verkauf handelt, um sich mit dem Verkaufserlös eine Reise zu gönnen, oder aber der Verkauf zur Versorgung eines altersbedingten Mehrbedarfs dienen soll, ist zunächst einmal völlig irrelevant. Im Grundsatz gilt: „Geschenkt ist geschenkt“.

Das Gesetz sieht zwar in bestimmten Fällen vor, dass man geschenktes Vermögen wieder zurückerhält. Der Wortlaut dieser gesetzlichen Regelung bezeichnet es eindeutig „§ 528 BGB Rückforderung wegen Verarmung des Schenkers“. Inwieweit man jedoch eine Verarmung für sich abwarten muss, bevor man das Geschenk wieder zurückfordern kann, ist fraglich.

Verarmung des Schenkers

Gerade der Fall, dass man sich beispielsweise für eine hochwertige Unterbringung in einem Altersheim entscheidet, soll weiterhin im Ermessen der Eltern liegen. Aus diesem Grund gilt das Prinzip, inwieweit man Vermögen tatsächlich „wegschenkt“ oder es nicht für die eigene Versorgung benötigt.

Wenn man zu dem Ergebnis gelangt, dass man zwar auf die Substanz, jedoch nicht auf die Erträge verzichten kann, ist es notwendig, sich hier einen sogenannten Nießbrauch vorzubehalten. Mit diesem Nießbrauch erreicht man, dass das Vermögen zwar schon auf die nächste Generation übertragen wird und somit der schenkungsteuerliche Tatbestand ausgelöst wird. Gleichzeitig bleibt jedoch der Zugriff auf die Erträge, verbunden mit der Tatsache, dass auch die Ausgaben weiterhin finanziert werden müssen.

Nießbrauch

Am nachfolgenden Beispiel soll wiederum deutlich gemacht werden, wie wichtig es ist, sich auch weitere Rechte vorzubehalten, die zunächst nur dem Eigentümer und damit dem Kind obliegen:

BEISPIEL

Der Vater V überträgt das Mehrfamilienhaus an seine Tochter T und behält sich den Nießbrauch vor. Dabei verpflichtet er sich, neben den Kosten für die sogenannten gewöhnlichen Instandhaltungsmaßnahmen auch die der außergewöhnlichen zu bezahlen. Zwei Jahre später wird eine umfangreiche Betonsanierung fällig, für die V einen Kredit aufnehmen muss, den ihm seine Bank nur gegen Sicherheiten gibt. Mit Ausnahme des bereits geschenkten Mehrfamilienhauses hat er kein Vermögen mehr, das er als Sicherheit einsetzen kann. Eine Anfrage an den Sohn, ihm die Möglichkeit einer Grundschuldbestellung zu geben, verläuft negativ.

Diese Folge hätte durch eine kluge Regelung im Rahmen des Überlassungsvertrags verhindert werden können: Der Vater hätte sich eine sogenannte Belastungsvollmacht einräumen müssen.

TIPP

Bei jeder Schenkung ist nicht nur die Frage der Rücktrittsrechte, sondern auch die Frage der Versorgung der Eltern zu bedenken. Die Schenkung darf insbesondere nicht aus ausschließlich steuerlich motivierten Gründen erfolgen.

Familiengesellschaft – eine neue Form der Schenkung?

In den Bereich der Übergabeberatung gehört auch die Frage, inwieweit nicht auch andere Gesellschaftsformen für diese Übergabe gewählt werden sollen. Hier ist an die sogenannte Familiengesellschaft zu denken.

Die Familiengesellschaft scheint zunächst nur für hochwertiges Vermögen anwendbar zu sein. Je intensiver man sich mit dieser Rechtsform auseinandersetzt, desto eher wird einem bewusst, dass die Familiengesellschaft eigentlich nur eine der zahlreichen Möglichkeiten ist, wie eine solche Übergabe erfolgen kann.

Rein rechtlich gesehen wird im Rahmen der Familiengesellschaft das Vermögen in eine neu zu gründende Gesellschaft eingelegt. Als Gesellschafter werden die Personen beteiligt, die auch im Rahmen einer Schenkung beteiligt werden sollen.

Anhand eines Beispiels soll der Nutzen einer solchen Familiengesellschaft als Vermögensnachfolgeinstrument deutlich gemacht werden:

BEISPIEL

Der Vater V ist Eigentümer eines kleinen Dreifamilienhauses. Er möchte das Haus seinen drei Kindern übergeben, wobei es ihm darauf ankommt, dass dieses Haus auch weiterhin im Vermögen der Familie verbleibt.
Der Verkehrswert dieses Mehrfamilienhauses beträgt € 400.000. Bei einer Übergabe an seine drei Kinder unter Berücksichtigung eines derzeitigen Freibetrags (Stand 1.1.2009) zwischen Eltern und Kindern von € 400.000 würde sich also überhaupt keine schenkungsteuerliche Belastung ergeben. Bei der Übergabe gibt es für ihn insbesondere folgende Vorgaben:
Nach seinem Tod sollen seine drei Kinder einen Verwalter wählen, der entweder aus den Reihen der drei Kinder stammt oder ein fremder Hausverwalter sein wird.
Für die Beschlussfassung setzt er fest, dass diese mit der Mehrheit der Stimmen erfolgen soll.
Dieser Verwalter soll dann die Koordination der sogenannten gewöhnlichen Instandhaltungsmaßnahmen, die sich innerhalb eines finanziellen Rahmens bewegen, übernehmen.
Soweit darüber hinausgehende Verwaltungsmaßnahmen notwendig sind, sollen die drei Kinder einstimmige Beschlüsse fassen.

Bereits an diesem Beispiel wird deutlich, dass man für verschiedene Tätigkeiten auch verschiedene Beschlussfassungsregeln vereinbaren kann.

Instandhaltungsrücklage

Der Verwalter soll mit den Mieterträgen eine sogenannte Instandhaltungsrücklage bilden, so dass also nicht ohne Weiteres jeder vereinnahmte Mietertrag an die Gesellschafter ausbezahlt werden muss. Erst wenn die Instandhaltungsrücklage angespart ist, soll eine Ausschüttung der Mieterträge erfolgen.

Auch derartige Besonderheiten können im Rahmen der gesellschaftsrechtlichen Regelungen aufgenommen werden.

Eine weitere Regelung ist über die Nachfolge in die derzeit von den Eltern bewohnte Wohnung zu treffen. Eigentlich würde zum jetzigen Zeitpunkt jedes der drei Kinder diese Wohnung nach dem Tod der Eltern gerne übernehmen, doch das ist selbstverständlich nicht möglich. Eine Einigung wird dergestalt getroffen, dass man die Übernahmeberechtigung dieser Wohnung letztlich durch Los entscheidet.

Schließlich soll auch Vorsorge dafür getroffen werden, dass keines der drei Kinder durch ein eigenständiges Testament einen Fremden in diese Gesellschaftsbeteiligung aufnehmen kann. Dies wird mit der Regelung vereinbart, dass Nachfolger in die Gesellschaftsbeteiligung nur ganz bestimmte Personen werden dürfen.

Nachfolgeregelungen

Im Rahmen des Gesellschaftsrechts können sogenannte Nachfolgeregelungen aufgenommen werden, wonach eben nur bestimmte Personen in diese Gesellschaft eintreten können. Diese gesellschaftsrechtlichen Regelungen gehen letztendlich den sogenannten erbrechtlichen Regelungen vor. So kann mit diesen gesellschaftsrechtlichen Regelungen auch die erbrechtliche Nachfolge vorgegeben werden.

Da all diese Regelungen im Rahmen eines sogenannten Gesellschaftsvertrags aufgenommen werden können, sollte dieser den individuellen Wünschen der Familie angepasst sein. Diese können aber nur im Rahmen eines umfangreich vorbereiteten Familiengesprächs ermittelt und umgesetzt werden.

KAPITEL 4

Formalien und Kosten eines Ehevertrags

Eine der wichtigsten Fragen von Ehegatten bei jeder Beratung ist immer wieder: Was kostet das Ganze eigentlich?

Anwalt und Notar

Grundsätzlich fallen für einen Ehevertrag Kosten beim Notar an, da dieser den Ehevertrag beurkunden muss. Erarbeitet ein Anwalt den Vertrag mit den Ehegatten vor der Beurkundung, werden auch hier entsprechende Kosten entstehen.

Gerichtskosten

Gerichtskosten fallen nur dann an, wenn eine Trennungs- und Scheidungsfolgenvereinbarung im Rahmen des gerichtlichen Scheidungstermins protokolliert wird.

Formalien

Einhaltung wichtig!

Die Einhaltung der gesetzlich vorgeschriebenen Formalien ist besonders wichtig. Denn hält man sich nicht daran, haben die Ehegatten zwar gutgemeinte Absichtserklärungen, aber im Zweifelsfall werden diese Erklärungen nicht helfen. Sie sind nicht durchsetzbar und damit im Falle eines Streits wertlos.

Ein Ehevertrag muss unter gleichzeitiger Anwesenheit beider Ehegatten vor einem Notar beurkundet werden. Dies sieht § 1410 BGB vor.

Dabei müssen nicht beide Ehegatten tatsächlich vor dem Notar erscheinen. Auch für einen Ehevertrag reicht es aus, dass ein Ehegatte den anderen bevollmächtigt, den Ehevertrag zu schließen.

TIPP

Da es sich hier aber doch oftmals um weitgehende Rechte bzw. eine weitgehende Einschränkung von Rechten handelt, wird jedem Ehegatten empfohlen, die Ausarbeitung sowie die notarielle Beurkundung aktiv mitzugestalten und vor allem bei der Beurkundung anwesend zu sein.

Notarielle Beurkundungspflicht

§ 1410 BGB regelt grundsätzlich nur die Abänderbarkeit des Güterstands im Rahmen eines Ehevertrags und sieht hier die notarielle Beurkundungspflicht vor.

Bis zur Reform zum 1.1.2008 konnten Vereinbarungen über den Unterhalt daher ohne notarielle Beurkundung vorgenommen werden. Jetzt sieht aber auch § 1585c BGB in der Fassung seit dem 1.1.2008 vor, dass Vereinbarungen in Bezug auf den Unterhalt, welche vor Rechtskraft der Scheidung erfolgen, im Rahmen einer notariellen Beurkundung getroffen werden müssen.

Ebenfalls verweist § 7 des Versorgungsausgleichsgesetzes (VersAusglG) auf die Vorschrift des § 1410 BGB und stellt klar, dass auch eine Vereinbarung über den Versorgungsausgleich vor Rechtskraft der Scheidung im Rahmen einer notariellen Beurkundung erfolgen muss. Früher gab es beim Versorgungsausgleich noch die Regelung, dass eine Vereinbarung zum Versorgungsausgleich dann noch einer familiengerichtlichen Genehmigung bedurfte, wenn diese Vereinbarung innerhalb eines Jahres vor Stellung des Scheidungsantrags erfolgte. In diesem Fall musste während der Scheidung noch die familiengerichtliche Genehmigung eingeholt werden, die aber zumeist erteilt wurde.

Diese Genehmigungspflicht des Familiengerichtes ist durch die Neuregelung des Versorgungsausgleichs zum 1.9.2009 ebenfalls weggefallen.

Unterm Strich kann man also festhalten, dass sämtliche wesentliche Regelungsbestandteile der notariellen Beurkundung bedürfen.

Zeitlicher Rahmen

Ein Ehevertrag kann sowohl vor wie auch während der Ehe geschlossen werden. Es kann auch ein Ehevertrag geschlossen werden, um die Trennungs- und Scheidungsfolgen zu regeln.

Ausgleich der Ansprüche

Wenn der Ehevertrag während der Ehe geschlossen wird, muss darauf geachtet werden, dass bereits eventuell entstandene Ansprüche ausgeglichen werden oder die Ehegatten auf jeden Fall Verzichtserklärungen abgeben. Manchmal ist es aber auch gewünscht, dass die vertraglichen Regelungen erst ab dem Zeitpunkt der Unterschrift für die Ehe gelten sollen. Auf jeden Fall ist die Angelegenheit dann besonders zu überprüfen.

Kosten eines Ehevertrags

Wie bereits oben erwähnt, werden für die Ausarbeitung eines Ehevertrags Anwalts- und Notarskosten anfallen, manchmal auch Gerichtskosten.

Rechtsanwaltskosten

Bei einem Rechtsanwalt gibt es grundsätzlich zwei Möglichkeiten, die Kosten zu vereinbaren.

TIPP

Der Rechtsanwalt ist dazu verpflichtet, den Mandanten im Rahmen der ersten Beratung, eigentlich sogar vor Auftragserteilung, über seine Gebühren aufzuklären. Nutzen Sie dies, um mit dem Rechtsanwalt eine Gebührenvereinbarung zu treffen. Dabei sollten Sie vor allem abklären, ob Sie den Anwalt nach dem Rechtsanwaltsvergütungsgesetz oder nach einer Stundenvereinbarung mit besprochenen Stundensätzen vergüten werden.

Stundenhonorar

Zum einen kann eine Stundenhonorarvereinbarung getroffen werden, in der der Anwalt seinen Stundensatz vorgibt und zu dem er dann unter Nachweis der geleisteten Stunden dem Mandanten gegenüber abrechnet. Der Rechtsanwalt kann oft absehen, welchen zeitlichen Umfang die Erarbeitung des Vertrags haben wird und seine Kosten dann auf Basis des vereinbarten Stundensatzes abschätzen. Aber es ist auch eine Vereinbarung möglich, nach der sich der Rechtsanwalt nach Ablauf einer bestimmten Stundenanzahl meldet und ein Resümee zieht. In diesem Stadium ist dann zumeist absehbar, wie viel Zeit die Angelegenheit noch benötigt.

Rechtsanwaltsvergütungsgesetz (RVG)

Gebühren
Es kann aber auch nach dem Rechtsanwaltsvergütungsgesetz (RVG) abgerechnet werden. Da der Rechtsanwalt für die Erarbeitung des Ehevertrags grundsätzlich nur außer-

Beratungsgebühr

gerichtlich beratend tätig ist, kann er eine Beratungsgebühr abrechnen, die auf dem Gegenstandswert basiert.

Weitere Gebühren

Dieser Wert ist auch die Grundlage für die sogenannte Geschäftsgebühr, die allerdings nur bei den Trennungs- und Scheidungsfolgenvereinbarungen anfällt, bei denen der Rechtsanwalt den Auftrag erhält, mit dem getrennten Ehegatten oder dessen Rechtsanwalt den Vertrag zu erarbeiten, also nach außen für den Mandanten aufzutreten. Wenn diese Vereinbarung dann noch bei Gericht protokolliert wird, fallen weiter eine Verfahrensgebühr, Terminsgebühr und Einigungsgebühr an, auf welche aber die außergerichtliche Geschäftsgebühr teilweise angerechnet wird. Außerdem werden Gerichtskosten fällig, ebenfalls abhängig vom Gegenstandswert.

Mit diesen Gebühren sind sämtliche Tätigkeiten des Rechtsanwalts abgegolten, unabhängig davon, ob eine oder mehrere Besprechungen oder die Wahrnehmung eines oder mehrerer Gerichtstermine notwendig waren.

Gegenstandswerte

Die Höhe der Gebühren aus dem Rechtsanwaltsvergütungsgesetz hängt maßgeblich von den Gegenstandswerten ab. Der Rechtsanwalt bildet basierend auf den im Vertrag getroffenen Regelungen diese Gegenstandswerte nach folgenden gesetzlichen Grundlagen aus dem FamGKG:

Jahres- oder Einmalbetrag

So wird der Gegenstandswert einer getroffenen Unterhaltsvereinbarung auf der Basis des Jahresbetrags oder des vereinbarten Einmalbetrags (beispielsweise Abfindungszahlung) nach § 51 FamGKG berechnet. Dabei ist es unerheblich, ob es sich um Kindesunterhalt oder Ehegattenunterhalt handelt.

Für Regelungen in Bezug auf das Vermögen und Güterrecht wird nach § 35 FamGKG der vereinbarte Ausgleichsbetrag als Gegenstandswert zugrunde gelegt. Ansonsten hat eine Bemessung, so § 42 FamGKG, nach billigem Ermessen zu erfolgen.

Versorgungsausgleich

Nach § 50 FamGKG beträgt der Gegenstandswert für den Versorgungsausgleich für jedes auszugleichende Anrecht 10 % des in drei Monaten erzielten Nettoeinkommens der beiden Ehegatten, mindestens aber € 1.000.

Wahl zwischen Abrechnung nach RVG und Stundenhonorar

Bei der Erstellung einer Trennungs- und Scheidungsfolgenvereinbarung wird die Bestimmung der Gegenstandswerte meistens keine Probleme verursachen. In diesen Eheverträgen werden konkrete Regelungen aufgenommen, die sich in Geld bewerten lassen. So finden sich darin zumeist ein monatlicher Unterhaltsbetrag und auch ein Zugewinnausgleichsbetrag.

In vorsorgenden Eheverträgen ist dies schon schwieriger und oft nicht möglich.

Zahlreiche Regelungsvarianten

In dieser Art von Verträgen gibt es zahlreiche Regelungsvarianten, die eine genaue Bestimmung eines Gegenstandswerts durchaus schwierig erscheinen lassen. So stellt sich die Frage, wie eine Regelung im Bereich des Unterhalts zur Frage des Beginns der Erwerbtätigenpflicht zu bewerten ist. Oftmals scheitert eine Berechnung des Gegenstandswerts für eine Unterhaltsvereinbarung zu Beginn der Ehe schlichtweg an der Tatsache, dass niemand voraussehen kann, ob und wann die Eheleute sich trennen und welche Einkommensverhältnisse dann einer Unterhaltsberechnung zugrunde zu legen sind.

Auch die Vereinbarung der Modifizierung der Zugewinngemeinschaft stellt den Rechtsanwalt manchmal vor ein großes Problem bei der Berechnung seiner Gebühren.

Diese sollen und müssen für den Mandanten noch nachvollziehbar sein und ihn nicht zu hoch belasten.

Stundenhonorar

Deshalb dürfte eine Stundenhonorarvereinbarung für die Erarbeitung eines vorsorgenden Ehevertrags die sinnvollere Alternative sein und wird daher auch angeraten. Der Mandant zahlt nur die angefallene Zeit und man erspart sich Diskussionen über den Ansatz von Vermögenswerten. Außerdem zeigt die Erfahrung, dass gerade bei größeren Vermögen der Mandant mit einer Stundenvereinbarung deutlich günstiger fährt.

Gerichtskosten

Wenn die Scheidungsfolgenvereinbarung gerichtlich protokolliert wird, fallen neben den Rechtsanwaltskosten auch Gerichtskosten an.

Zwei Gebühren

Diese belaufen sich in einem familienrechtlichen Verfahren über Scheidungsfolgen, also Unterhalt, Versorgungsausgleich und auch Vermögen, auf zwei Gebühren. Bei einer Einigung, einem sogenannten gerichtlichen Vergleich, reduziert sich diese Gebühr aber auf 0,5.

Der Gegenstandswert wird identisch wie beim Rechtsanwalt ermittelt und im gerichtlichen Verfahren auch sowohl für die Berechnung der gerichtlichen Gebühren wie für die Berechnung der Anwaltsgebühren festgesetzt.

Kosten beim Notar

Geschäftswerte

Auch der Notar berechnet seine Kosten nach Gebühren basierend auf Gegenstandswerten, dort genannt Geschäftswerte. Im Gegensatz zum Rechtsanwalt kann beim Notar aber keine Stundenhonorarvereinbarung getroffen werden.

Der Notar verlangt nach § 36 Abs. 2 der Kostenordnung (KostO) eine 20/10 Gebühr, basierend auf dem Geschäftswert.

Vermögen als Basis

Dabei wird grundsätzlich das Vermögen abzüglich der Verbindlichkeiten pro Ehegatte ermittelt und als Basis für den Geschäftswert zugrunde gelegt. Jede weitere Regelung wird zusätzlich bewertet und addiert. Regelungen zum Unterhalt werden beispielsweise mit dem Jahreswert angesetzt. Dieser wird auf der derzeitigen Einkommensbasis geschätzt. Der Jahreswert wird dann mit der angenommenen Laufzeit der Unterhaltszahlung, maximal aber fünf Jahre, multipliziert.

Aber auch für den Notar ist die Bestimmung seines Geschäftswerts schwierig und gerade bei vorsorgenden Eheverträgen immer eine Entscheidung im Einzelfall.

Stichwortverzeichnis

Weitere Titel

- Andrea Westhoff/Justin Westhoff
Ihre Rechte als Kassenpatient
Wie Sie auch als gesetzlich Versicherter von Ärzten und Kassen bekommen, was Ihnen zusteht
ISBN 978-3-7093-0295-8
2010, 160 Seiten
EUR 9,90 (D)/EUR 10,20 (A)

- Roland Stimpel
In 10 Schritten zum Eigenheim
Planen, kaufen, bauen: Von der Suche bis zur Finanzierung – Ihr Wegweiser zum eigenen Haus
ISBN 978-3-7093-0288-0
2010, 160 Seiten
EUR 9,90 (D)/EUR 10,20 (A)

- Agnes Fischl/Bernhard F. Klinger/Michael Lettl
Das Testament
Konkrete Anleitungen für alle Lebensmodelle – vom Single bis zur Patchwork-Familie. Wie Sie Streit vermeiden und Steuern sparen.
ISBN 978-3-7093-0264-4
2009, 168 Seiten
EUR 9,90 (D)/EUR 10,20 (A)

- Sven Klinger/Joachim Mohr/Wolfgang Roth/Johannes Schulte
Patientenverfügung und Vorsorgevollmacht
Was Ärzte und Bevollmächtigte für Sie in einem Notfall tun sollten. Was die Neuregelung für Sie konkret bedeutet.
ISBN 978-3-7093-0289-7
2. Auflage 2009, 156 Seiten
EUR 9,90 (D)/EUR 10,20 (A)

- Michael Schröder
Scheidung – aber fair
Sorgerecht – Unterhalt – Umgangsrecht . Es geht auch friedlich, wenn die Vernunft siegt.
ISBN 978-3-7093-0272-9
2. Auflage 2009, 176 Seiten
EUR 9,90 (D)/EUR 10,20 (A)

- Andreas Heiber

Die neue Pflegeversicherung
Der Antrag – die Pflegestufen – die Leistungen: Ihre neuen Möglichkeiten und Chancen
ISBN 978-3-7093-0237-8
2008, 192 Seiten
EUR 9,90 (D)/EUR 10,20 (A)

- Eva Schmitz-Gümbel/Karin Wistuba

Erfolgreich zum Traumjob
Coaching zur Berufswahl für Eltern und Schüler
ISBN 978-3-7093-0213-2
2008, 168 Seiten
EUR 9,90 (D)/EUR 10,20 (A)

- Astrid Congiu-Wehle/Joachim Mohr

Das neue Unterhaltsrecht
Wic viel bekomme ich? Wie viel muss ich zahlen?
ISBN 978-3-7093-0229-3
2008, 168 Seiten
EUR 9,90 (D)/EUR 10,20 (A)

- Karin Spitra/Ulf Weigelt

Ihr Recht als Arbeitnehmer
Vom Vorstellungsgespräch bis zur Kündigung – was darf der Chef?
ISBN 978-3-7093-0218-7
2008, 192 Seiten
EUR 9,90 (D)/EUR 10,20 (A)

- Wolfgang Jüngst/Matthias Nick

Arbeiten und Leben im Ausland
Auswandern oder Überwintern: alle wichtigen Informationen. Mit 10 Länderkapiteln von Schweiz bis USA.
ISBN 978-3-7093-0214-9
EUR 9,90 (D)/EUR 10,20 (A)

- Tibet Neusel/Sigrid Beyer/Kathrin Arrocha

Immobilienkauf
Haus oder Wohnung – Alles über Finanzierung, Recht und Steuern
ISBN 978-3-7093-0195-1
2008, 190 Seiten
EUR 9,90 (D)/EUR 10,20 (A)

- Andrea Erdmann/Andreas Kobschätzky

Erfolgreich bewerben
Von der systematischen Vorbereitung zum souveränen Bewerbungsgespräch und fairen Arbeitsvertrag
ISBN 978-3-7093-0187-6
2008, 176 Seiten
EUR 9,90 (D)/EUR 10,20 (A)

- Hans-Herbert Holzamer

Optimales Wohnen und Leben im Alter
Alle Wohnformen im Überblick – alle staatlichen Förderungen – Checklisten und Adressen
ISBN 978-3-7093-0196-8
2008, 176 Seiten
EUR 9,90 (D)/EUR 10,20 (A)

- Ralph Jürgen Bährle/Susanne Hartmann

Nebenjobs
Minijobs und die 400-Euro-Regel – Ein Wegweiser zum sicheren Zusatzverdienst
ISBN 978-3-7093-0139-5
2007, 160 Seiten
EUR 9,90 (D)/EUR 10,20 (A)

- Armin Abele/ Bernhard Klinger/ Thomas Maulbetsch/ Joachim Müller

Partnerschaft ohne Trauschein
Alle wichtigen Rechtsfragen
ISBN 978-3-7093-0096-1
2007, 184 Seiten
EUR 9,90 (D)/EUR 10,20 (A)

• Frank Donovitz/Joachim Reuter/Lorenz Wolf-Doettinchem
Das 1x1 der Altersvorsorge
In sechs Schritten zu mehr Wohlstand in der Rente
ISBN 978-3-7093-0150-0
2007, 152 Seiten
EUR 9,90 (D)/EUR 10,20 (A)

• Frank Donovitz/Elke Schulze
Richtig versichern
Welche Versicherung Sie jetzt brauchen und welche Sie sich sparen können.
ISBN 978-3-7093-0175-3
2007, 144 Seiten
EUR 9,90 (D)/EUR 10,20 (A)

• Ulrike Fokken
Ihre private Ökobilanz
So sparen Sie Energie und Kosten und schonen die Umwelt.
ISBN 978-3-7093-0181-4
2007, 192 Seiten
EUR 9,90 (D)/EUR 10,20 (A)

• Wolfgang Jüngst/Matthias Nick
Wenn der Nachbar nervt
Rechte und Pflichten in der Nachbarschaft
ISBN 978-3-7093-0174-6
2007, 160 Seiten
EUR 9,90 (D)/EUR 10,20 (A)

• Tibet Neusel/Kathrin Arrocha/Sigrid Beyer
Kinder, Geld und Steuern
Das neue Elterngeld – Steuern sparen für Familien – Klug vorsorgen. Viele praktische Tipps und Rechenbeispiele.
ISBN 978-3-7093-0164-7
2. Auflage 2007, 192 Seiten
EUR 9,90 (D)/EUR 10,20 (A)

• Inken Wanzek/Christine Rosenboom
Arbeitsplatz in Gefahr – Das sind Ihre Rechte
Kündigung – Beschäftigungsgesellschaft – Aufhebungsvertrag – Mobbing – Trennungsgespräche

ISBN 978-3-7093-0152-4
2007, 240 Seiten
EUR 14,90 (D)/EUR 15,40 (A)

- Tibet Neusel/Kathrin Arrocha/Sigrid Beyer

Neue Renten- und Pensionsbesteuerung
Das Alterseinkünftegesetz – Absatzmöglichkeiten – Strafverfolgung vermeiden – Erstattungsansprüche sichern
ISBN 978-3-7093-0118-0
2006, 192 Seiten
EUR 9,90 (D)/EUR 10,20 (A)

- Eva Schmitz-Gümbel/Birgit Schönberger

Mein Geld, dein Geld
Finanzratgeber für Paare
ISBN 978-3-7093-0095-4
2006, 160 Seiten
EUR 9,90 (D)/EUR 10,20 (A)

- Andreas Vogler/Gerald Reischl

Die 1000-Euro-Firma
Mit wenig Geld zum eigenen Internet-Unternehmen. Konkrete Anleitung zur Gründung und Durchführung.
ISBN 978-3-7093-0125-8
2006, 264 Seiten
EUR 14,90 (D)/EUR 15,40 (A)

- Tibet Neusel

Streiten mit dem Finanzamt
Wie Sie als juristischer Laie Ihre Rechte durchsetzen.
ISBN 978-3-7093-0032-9
2004, 208 Seiten
EUR 14,90 (D)/EUR 15,40 (A)

- Frank Donovitz/Joachim Reuter/Karin Spitra

Das 1x1 des Geldes
So bleibt Ihnen mehr vom Einkommen. Sparen – Versicherungen – Kredite – Konto – Immobilien
ISBN 978-3-7093-0038-1
2004, 144 Seiten
EUR 9,90 (D)/EUR 10,20 (A)